U0593959

做个会表达
的女人

台湾新生代两性教主
魔女Sha sha

／著

北京联合出版公司
Beijing United Publishing Co.,Ltd.

Preface
序 言

女人"会说话"
机会自动找上门

　　现代人虽然生活便利、资讯发达，但是在口头表达能力上，却是大大退步。人与人之间的疏离，更造成了一定的隔阂。女人是人与人沟通环节中不可或缺的重要角色，因此一个会说话的女人，在职场、爱情、家庭等各个层面都具有不容小觑的影响力。

　　在我之前的作品"快乐女人系列"中，我不断地传达给每一位女性读者"勇敢追求自己想要的生活，快乐做自己"的观念，很高兴看到现代的女性越来越有自主力，她们敢说、敢做，勇敢争取自己的权益，追求自己的梦想，她们努力提升自己，让自己变得更迷人、更有魅力，而这一切除了自身的涵养、处世态度外，最关键的便是从"会说话"开始——女人一张嘴，遍地是机会！"会说话"

将影响每个女人的一生。

但如何把话说好呢？美国汽车大王福特曾说："如果成功有捷径可以走，那么站在对方的立场上去思考问题，是一条最近的道路。"想要把话说得好，说得漂亮，首先要懂得"**切对角度**"。现代人崇尚个人主义，常从自己的角度去思考问题、与人说话，但若是和对方从头到尾驴唇不对马嘴，那么就算话说得再漂亮，再言之有物，恐怕也是徒劳无功。

本书的前两章，谈论女性的人际关系以及在职场中的说话之道。其中，"**说话技巧**"尤其重要，因为说话技巧的好坏，关系着与他人沟通往来的能力高低，也影响着是否能够抢得"职场上的先机"。而"**一个恰当的提问**"，往往能使话题继续下去。就像投出去一记好球，对方要能顺利接到球，才有后续的发展。

"**避重就轻**"是说话的一门战术，它的真义是避开敌人的锋芒，找出其弱点，主动出击，从而让自己巧妙夺取优势。在职场之中，可以作为保护自己的手段。巧妙地运用于生活当中，也可以适时避开尴尬。

另外，要能"**找对人，说对话**"。俗话说："知己知彼，方能百战百胜。"说话之前看清目标，了解状况再进行发言，千万不要误判形势。说错了话，走了冤枉路，那可就得不偿失了！

而后两章提到的爱情和家庭话题，我想要告诉女性读者的是：**一个女人的说话方式，直接决定了你的人生幸福与否**。最关键的因素在于：人往往对于熟悉的人物，变得容易忽视。于是，该说谢谢与爱的时候，变得懒惰不说，抑或是认为彼此已经如此熟悉又何必这么客气；该将负面情绪自行吸收的时候，却习惯性地转移到最爱的人身上。

事实上，同处在一个屋檐下的爱人或家人，更要注重礼貌和理解，才能长久地维持感情。所谓的礼貌，并不只是凡事要彬彬有礼，而是要"**真正懂得和尊重对方内心的想法**"，也就是要深入对方的内心世界，了解对方的真实个性和处世观念。如此一来，才能进行正向的交流沟通。

对于所爱的人，在适当的时候，放下平日的大女人作风，向他撒撒娇，非但不是软弱和服输的表现，反而更能显现出你自身的韵味，增添生活情趣。若能掌握好撒娇的火候，就可以散发浪漫的气息，为自己加分，更使感情升温。

开阔心胸，时常赞美另一半。不要心胸狭隘地计较另一半的工作和薪资。发现对方的优点，让另一半在你的赞美声中，越来越充满自信与勇敢。

另外别忘了，偶尔和另一半斗斗嘴。深深相爱的恋人们，常常对于斗嘴乐此不疲，内心深处享受这种相互信任、相互包容的感觉。但要留意不能在言语上太过恶毒地攻击对方，不然很容易造成相互之间的冲突，甚至造成感情的破裂。很多时候，恋人之间的问题，都出在两个人为逞一时之快，而向对方口出恶言。事后追悔莫及。

学会使用温柔的语言，别用"刀子嘴"刺伤对方。人的感情有时候是很脆弱的，尤其是在面对自己爱人的时候，往往是爱得越深，越不知道该如何表达。所以，千万别因任性而说一些连自己都无法控制的话。否则话一出口，说者无心，听者有意，想要再去挽回，一切都为时已晚。

最后，与人说话，虽然要真诚，但别忘了"谎言"的力量。有时候，必要的谎言可以保护自己。学习说一些善意的谎言，只要不违背自己的原则，也没有牺牲他人的利益，那么，说谎又何妨？如果谎言是为了增加爱情的甜蜜，有何不可？很多时候，爱情里的谎言，就像是两个人之间的甜蜜暗号，体现着人性善良的一面，能够替爱情注入新的润滑剂。从某些方面来讲，善意的谎言更是在乎对方的表现，否则，谁会为了你而用心良苦地编造谎言？

真心祝福每位女性朋友因为"会说话"而使人生目标更前进一步，继续努力往前实现梦想。共勉之！

魔女Sha Sha

2015.7

Contents
目 录

Chapter 1
人际关系一级棒的说话术

　　一句有口无心的话，就可能会引起误会；而一句道歉的话，可能会平息即将发生的争执。说话是人人都有的权利，但这不代表就可以肆无忌惮地说话。培养说话的技巧，说正确的话，将复杂的人际关系，处理得有条不紊，使人气一级棒！

Contents 目录

Chapter 2
事业步步高升的说话术

人们说，职场如战场，一个女人如果想要在这样危机四伏的地方来去自如，那可需要很高明的智慧，以及机智多变的说话技巧。否则，当你还在思索下一句话该怎么说的时候，生意已经被人抢走。在职场上唯有说得漂亮，才能抢得先机！

Chapter 3
爱情课题堂堂满分的说话术

　　每个人都喜欢另一半在自己的耳边说些甜言蜜语，懂得说话的女人，也会适时地将自己的心意，清楚地说出来，送给最心爱的他，带给他欢喜，博得他的宠爱。做一个会说情话的小女人，温暖他的心田，修炼爱情学分，直达一百分。

Chapter 4
家庭幸福美满的说话术

　　会说话的女人，懂得呵护自己的家庭。当家中即将爆发争吵的时候，她会用巧妙的语言缓和冲突；面对老公的时候，她会用玲珑剔透的心说出体贴的话。母老虎人人敬而远之。试想，哪个男人不喜欢自己家中有个充满智慧的女人呢？懂得说话的女人，才能拥有和睦的家庭。

Chapter 1

人际关系一级棒的说话术

一句有口无心的话，就可能会引起误会；而一句道歉的话，可能会平息即将发生的争执。说话是人人都有的权利，但这不代表就可以肆无忌惮地说话。培养说话的技巧，说正确的话，将复杂的人际关系，处理得有条不紊，使人气一级棒！

01 会说话的女人不会轻易插嘴

说话对每个人来说都非常重要，尤其是女人，因为你们独特的柔美身段和温柔言语，是能够打动人心的有利条件，但是，听别人说话同样也是一件很重要的事情。掌握好说话的尺度，你就能成为人际来往中的女王。

你有没有过打断他人谈话的举动？

当对方正在公布一件重要事情的时候，你不合时宜地打断了他的谈话，并提出质疑。

当你正和上司谈论工作的时候，有人插话进来，试图和你讨论其他事情。

当这些事情发生的时候，对方是怎样的一个表情，你又是怎样的心情呢？

心理学家曾经提出过一个心理定论：当一个人有话要说的时候，他会启动一种心理定势，并准备开始讲话。从此时开始，直到他将话说完，他才会察觉到你的存在，并听取你的意见。

所以，如果你希望对方能够听进去你所说的话，最好等到对方将他想说的话说完之后，你再开口。不然，你就必须一开口就说出让对方极度感兴趣的话。这样一来，就算你打断对方的谈话，他也不会太介意。

💋 谁都想随心所欲地说，但不能破坏规矩

雯雯是个性格很开朗的女孩，每到一个新的工作环境，她开朗的个性总是很快受到同事的喜爱，但往往过了一段时间之后，大家却开始对她敬而远之。

原来，在同事工作不忙碌的时候，雯雯很喜欢找人聊天。本来这不是一件坏事，但是雯雯爱插话的坏毛病实在让大家很受不了。这天她又拉着欣欣聊八卦，欣欣无意聊起一些演艺圈的绯闻，欣欣话还没说完，雯雯就立刻打断她的话，将话题引到别的地方。欣欣见状想要再转回原本的话题，但话说没两句，就又被雯雯岔开了话题。直到聊天结束，都只听见雯雯自顾自地说个不停，欣欣只是一脸无奈。

等到下一次，当雯雯想再和欣欣聊天时，欣欣当然就不愿再奉陪了。而其他的同事也是如此，只要和雯雯聊过一次天之后，一看到她远远走来，就会赶紧逃开，唯恐避之不及。

直到在一次的会议上，大家在讨论公司业绩下滑的问题时，经理在台上滔滔不绝地数落着同事，却丝毫没有解决到问题，只是开心地发表着她自以为厉害的长篇大论。就在大家一脸无奈又昏昏欲睡的时候，雯雯忽然举手发言：经理，我建议公司客服电话可以考

虑多设几条线，因为客服部已经接到好几次客户抱怨打不进来的投诉了……

忽然间，大家全望向雯雯，心想她竟然敢打断经理说话，真是太不知死活了。没想到经理听完她说的话却笑了。事后，她赞扬雯雯提出了很好的建议，也鼓励同仁以后发现公司问题及时提出，为公司谋福利。

原本因爱插话引起同事反感的雯雯，这件事后，也渐渐了解到打断他人说话是不礼貌的行为，但如果所要说的话或意见足以吸引对方的注意力，那就值得这么做。不过其中的利弊自己还是要拿捏清楚。

做一个会说话的聪明女人，说话从心所欲，但不随便打断他人的谈话，既是一种对他人的尊重，更是一种聪明的处世之道。

随意插话，是职场中最愚蠢的行为

这天，萌萌正在办公室和自己的客户谈生意，关键时刻，她的好朋友慧娴过来找她。慧娴的个性大大咧咧，经常想到什么就说什么，有时会冲动行事。她看到这个客户以为他只是来找萌萌聊天的人，便毫不在意地插话进来："萌萌，我跟你说喔，刚才我过来的时候，在电梯里看到……"

萌萌向她使了个眼色，示意慧娴现在不是说话的时候。但慧娴却浑然不觉，依然在滔滔不绝地说着她的"电梯见闻"。萌萌只得无奈又明白地告诉她："亲爱的，这位是我的新客户，我们正在谈生意！"慧娴这才住嘴，找了个借口尴尬地离开了萌萌的办公室。

萌萌和客户继续刚才的话题，好不容易开始进入状况，慧娴又推了门进来。原来，她觉得自己很失礼，想要进来向客户道歉。客户见状，心知谈生意的事情很可能无法继续了，便起身说道"看来今天你很忙，我改天再来拜访好了"，然后转身离开。当萌萌再次邀请这位客户的时候，对方早已经和别家厂商签约了。

如果不是慧娴前来插话，萌萌的这笔订单很可能已经水到渠成了。随便打断他人的谈话，或者中途非要插话进来，是很惹人生厌的行为，会在不知不觉间，将自己的好形象破坏殆尽，甚至影响到自己的人际关系。要想获得好的人缘，让别人喜欢你，就千万不要在别人说话的时候不分轻重缓急、不分青红皂白地插话，成为"没眼色一族"。

沟通的第一步并不是说话，而是倾听，不轻率打断他人的谈话。插话的人往往在他人说到兴头上的时候，冷不防地插话进去，让对方措手不及，心生反感。不管对方说的是什么，强硬地将话题转移到自己感兴趣的话题去，有时甚至把对方的结论代为说出，借以炫耀自己，其实是最愚蠢的行为。一个不插话的女人，才能展现个人魅力，而不是让人心生厌恶。

 喋喋不休，只会把客户吓跑

今天是菁菁第一天担任商品促销员的工作，她很紧张，也很急切地向一位顾客推销今天她所负责的洗发精产品："这位先生，我们家的洗发精很好用，而且正在做促销，价格实惠又公道。"

"那我问一下，这种牌子的洗发精……"

菁菁立刻又说道："这种牌子的洗发精销路一级棒！是回购率最高的商品！"

客人说道："我不是要说这个，我想说的是……"

菁菁生怕客人走掉，更迫切地说道："您的意思我明白，是不是担心洗发精会伤害发质？放心！我们的品质绝对没话说！"

客人有些不悦，皱着眉头问："不是，我的意思不是这个，我是想说……"

菁菁再一次打断了客人的话："您真的不用担心……"

话还没说完，客人终于失去耐性，转身离开。

在我们与人交谈的时候，不用太着急地揣测他人的心思。每个人都有自己的想法，立刻打断别人的话，帮他说完，抑或头头是道地发表自以为是的见解，都只会让对方很尴尬。

英国著名的哲学家培根曾说过："随便插话的人，要比发言冗长的人更加令人讨厌。随便打断他人的谈话是一件最无礼的行为。"喋喋不休地推销自己，不但不会让对方为你的口才所倾倒，相反，若不试图了解他人的感受、不分场合和时机打断他人说话，甚至抢过别人的话继续往下说，这样不仅扰乱了他人的思路，引起对方的不

快，也会造成对方想说话说不出口的窘境，渐渐地使对方失去了和你交谈的兴致。

　　一个有修养的女性，在与他人交谈时，就算对方长篇大论地讲个不停，她也不会轻易插嘴，而是会静待对方把话说完。因为无论何时，打断他人谈话不仅是不礼貌的行为，也不利于双方达成一致的协定。

| 会说话的女人最迷人 | COMMUNICATION SKILLS MAKE WOMEN CHARMING

- 在他人说话的时候，不要一副心不在焉或准备随时抢走别人话题的模样。

- 静待对方说完他想说的话，再发表自己的看法，这会让对方觉得你是个有修养的女性，并对你留下良好的印象。

- 随意打断他人的谈话，是让人很反感的行为，就算对方说的话你已经听过无数遍，也请有点耐心，听对方把话说完。

02 就算明知她是阿姨，也要**叫姐姐**

在日常交际中，人们总是免不了地要面对"称呼"这个课题，大多数人们对于称呼也十分敏感。若能选择合适、恰当的称呼，往往能够使一段谈话有一个好的开头。反之，容易引起别人的反感，造成沟通障碍。善用称呼的力量，让你成为万人迷！

在日常生活当中，称呼往往是个困难的选择题。如何得体地去称呼一个素未谋面的人？周围的人要如何称呼才得当？这些都影响着你的人际关系发展。

一个不得体的称呼，会让人觉得别扭，甚至难堪，导致气氛不和谐，甚至造成谈话中断。而一个得体的称呼，能够在话题刚开始就营造出和谐的气氛，使双方交流顺畅，让谈话顺利地进行下去，有时候还能展现出双方关系的亲密程度。

使用正确的称呼，人人都会欣赏你！

💋 别犹豫，请叫我姐姐

甜甜出去办事，看到柜台里的工作人员是一位中年妇女，一时之间竟不知道应该怎么称呼她。喊她"大姐"，看她的年龄却比自己还要大很多；但是喊人家"阿姨"吧，自己也老大不小了，这一叫好像会把人家叫老。

憋了很久，她犹豫地喊道："阿姨，您好，我想办点事情，请问……"

话还没说完，对方的脸瞬间垮了下来。还没等甜甜把话说完，那位工作人员说道"今天系统故障，所有的业务都无法办理"，然后把桌子上的文件一收拾，头也不回地离开了。

甜甜心知可能是自己把人家叫老了，后来再过来办事，这个工作人员对她的态度都不是很友善，三催四请才把事情办好。甜甜这才明白，面对一些不确定年纪的人，不管对方是高矮胖瘦，脸上是不是有皱纹，都要尽量使用比较年轻的称呼，才不致把对方叫老了。

随着社会的不断发展，人们的思想观念也日新月异，相互之间的称呼更是五花八门、种类繁多。如果你的称呼用得好，那么对方便会欣然接受，甚至会对你的称呼感到心花怒放。在这种情况下，如果你对对方有什么要求，或者要请求对方帮什么忙，对方一定乐意之至。但如果你的称呼不恰当，就像甜甜一样，所使用的称呼对方并不领情，甚至产生了反感和厌恶，那么结果就是本来能够顺利办成的事情，也会一波三折。

人们的相互来往离不开语言，如果语言像是战场上浩浩荡荡的大军，那么称呼便无疑地是冲锋陷阵的前锋。没有人能够不打招呼就开始说话的，也没有人愿意用"喂"或者"哎"来做为谈话开头。

然而，仅仅有称呼也是不行的，更重要的是要看你的称呼是不是合适得体。因为，人们一般对于称呼是否恰当都很敏感，尤其是对于初次打交道的人而言，称呼的恰当与否，甚至可能影响对方对你的第一印象，一定要非常注意。

用灵活的称呼收服人心

淑贤上班的第一天，带她进行工作交接的是单位里的一位张姓部长。部长看起来四十多岁了，但是面容却很年轻，就像二十五六岁的年轻人似的。第一次见面，淑贤恭恭敬敬地喊道："张部长，您好！"部长听了很开心，笑嘻嘻又和蔼地说道："不用这么拘谨，喊我'老张'就行了。"

这下子淑贤可左右为难了，自己是个新人，刚到公司，就喊部长老张，这怎么可以？后来，在路上、电梯里偶遇部长的时候，淑贤的脑袋开始转不过来：到底该喊他什么？该怎么称呼他？淑贤真想干脆窝在办公室里不出去了，免得巧遇同事或者领导，却不知道该如何称呼，徒增麻烦。可是，就算是窝在办公室不出去，也总得去洗手间吧！但这样一来，难免就会遇到一些自己无法确定称呼的同事。

后来，淑贤想出了一个好办法：不管遇到什么人，都喊他们为"领导"。毕竟自己身处公务体系，没有人会不喜欢自己被称为领导的。这样一来，淑贤心中的大石头也暂且放下了。

称呼是一种灵活的语言，没有必要将其固定化，或者绝对化，

运用得宜，你将如鱼得水。如果能够像淑贤一样，在进入一个单位以后，先熟悉单位的企业文化，将其做为称呼他人的参考，就不会为称呼左右为难了。记得留意，同事之间的相互称呼，也是企业文化的一种外在表现。例如：外商人士喜欢称呼对方的英文名字，而公务体系的职员喜欢听到高阶的职衔等。

在同事之间，相互间的称呼可以随意一些：上级对下级的称呼，使用昵称会比较好，而下级对上级则务必要使用尊称。在一些特殊的场合，如办公室、会议室等场合要使用正式的称呼，而在聚餐、活动、晚会等轻松的场合，就可以弹性一些。总之，当你对称呼感到迷惑的时候，不妨灵活一点，选择一个大家都不会反感的称呼。不过，这个办法终归不是长久之计，还是要在平日的相处之中多多留意，随着彼此的渐渐熟悉，调整适当的称呼，才会受人青睐。灵活的称呼术需要一点一滴的学习与累积，但无需过于担忧，只要在生活中多多观察，慢慢地领会，很快地，你也能抓到个中诀窍。

领导称呼，不能掉以轻心

志刚和娇娇同时被一家知名公司录用，他们开开心心地到公司报到。没过多久，志刚内心还充满着一股干劲以及新鲜感，就突然听说娇娇被公司解雇了。经过打听，志刚才从同事那里得知一二。

原来，公司的总经理是一位四十多岁的女人，她的身材微胖，可能因为处在一个比较尴尬的年龄，所以特别敏感，平时最讨厌的

就是人家说她"胖"，或者说她"老"。这天，她正站在走廊的窗户边呼吸新鲜空气，娇娇突然从身后窜出来，拍了拍她肩膀说道："阿姨，请问会计室在哪里？"

娇娇刚到公司，还没见过总经理，根本就不知道眼前这位"胖胖的阿姨"就是公司里的重要人物。总经理一听到娇娇这么喊她，顿时愣住了。她心想：这个员工怎么会喊我阿姨呢？难道我看起来真的有那么老吗？这个称呼好别扭啊，难道我已经老到连喊我一声大姐都显得过分？还是说我看起来真像是公司的清洁阿姨？

称呼可以说是我们与人接触时的第一印象，如果不知道怎么得体地称呼对方，那么就很难让对方对你产生亲近感，沟通起来也会很不顺利。我们在与熟悉的人见面时，都会很亲切、熟络地称呼对方，而这也是从不熟悉开始的。在与陌生人第一次打交道的时候，选用一个得体而恰当的称呼，来表示自己对对方的尊重，在职场上尤其受用。

尤其，如何正确地称呼领导，是一件非常重要的事情。**恰当地称呼周围的人，能帮助你建立良好的人际关系，也体现了你对他人尊重的态度。**懂得如何称呼他人的女人，才会讨人喜欢。根据对方的年龄、身份、职业，以及你和对方的亲密程度，再结合谈话的场合等因素，来选择最得体的称呼，这样就能提升自己的魅力指数，成为一个万人迷。

| 会说话的女人最迷人 | COMMUNICATION SKILLS MAKE WOMEN CHARMING

- 在称呼他人的时候，要选择比对方实际年龄小一些的称呼。

- 在不熟悉环境的情况下，可以选择一个大家都不反感的统一称呼，随着对环境和周围人士的日益了解，随时弹性修改。

- 对他人的称呼要谨慎为之，不能随心所欲、想用什么称呼就用什么称呼。这样只会让对方觉得你不尊重他。

03 别总是我、我、我，要开启话题让对方说

我们都曾有过这样的经验：当我们和对方没有共同语言或话题的时候，总会觉得整个谈话过程都是无聊而令人烦闷的。在谈话当中，不用总急着出风头，多多谈论别人感兴趣的话题，这也是让自己立于交际不败之地的好办法。

在我们的日常生活中有一群这样的女人：她们无时无刻不在揣摩他人的意图，逢迎他人的喜好，以便自己做出的举动，能够讨人喜欢。

虽然这种人不值得我们学习，但值得我们深思的是：为什么她们会这么做，为什么她们宁愿奉承他人？原因无非是对方吃这一套，人性中都有喜欢被讨好的一面。

所以，在人际来往中，我们要留意到，在谈话中不能只顾自己的喜好，而要多考虑一下，对方是不是对你目前的话题感兴趣。一旦对方的兴趣与你的话题产生了冲突，那么就会产生沟通障碍，造成难以克服的社交劣势。

想要做一名人见人爱的迷人女性，就要学习放下自己滔滔不绝的话题，多谈论他人感兴趣的事物，让对方萌生想与你说话的欲望，并觉得能够与你交谈非常尽兴，那么你的人际关系，又将前进一大步。

成功制造话题——你的兴趣是什么

彦熙是一名保险推销员，她最近频繁地去拜访一位公司的李经理，希望他能够成为自己的客户。可是接连好几次，当彦熙在介绍保险险种的时候，李经理都显得心不在焉。

这次，彦熙说得口干舌燥，但对方却依旧无动于衷。彦熙喝了口水，无意中发现李经理办公桌上放着漫画《神之雫》，书柜上摆放着一些红酒。彦熙灵光一闪，问道："李经理，您是不是很喜欢红酒？你觉得漫画《神之雫》和现实情况吻合吗？"

本来已经对谈话失去兴趣的李经理听到她提起红酒，顿时精神抖擞。他兴致勃勃地和彦熙谈起自己在看《神之雫》时的感悟，对于其他人关于《神之雫》的评论，也发表了自己的意见。彦熙和李先生相谈甚欢，当然，最后李先生成为了彦熙的客户，顺利地签下了保单。

沟通原本就是为了建立彼此之间的桥梁，所以，在说话的当下，要把握机会维护相互之间的关系。当你发现对方明显有些兴致索然的时候，说明他已经不关心你在说什么了。这时你所要做的，就是尽量重燃对方的热情，这样才能将谈话继续下去。如果你只是继续滔滔不绝地谈论对方不感兴趣的话题，那么你们之间的谈话很快就会结束。

想想，我们和亲朋好友一起外出旅行，当你面对相机里满满的照片，你第一个要寻找的是谁？当然是你自己。人们感兴趣的话题，无非是自己，"我"的工作，"我"的爱人，"我"的家庭，"我"的一切，都比较重要。

所以，在和他人交谈的时候，不要太以自我为中心。如果在你的话语中，"我想"、"我觉得"这类词汇的频率比较高，那么你就应该多加注意了。**要学会把"我"从谈话内容中剔除，把"我认为"之类的词汇，替换成"你觉得呢"。**在叙述关于自己的事情时尽量简短，更不要滔滔不绝地对他人诉苦水。多讲一些他人感兴趣的话题，就不至于让你和对方无话可说，造成冷场局面了。

💋 直指话题核心，达到感情共鸣

这天，素素接到一个电话，得知一位客户购买了他们集团的房子，但是住了一段时间以后，觉得房子的隔音效果太差，想请公司派人前去处理。素素将情况告知工程师，但工程师前去检查了以后，觉得问题不大，没有做任何处理便离开了。谁知这下子得罪了客户，他怒气冲冲地要投诉那位工程师。

无奈之下，素素只好陪同工程师再次上门。客户不停地指责她们不负责任，欺瞒消费者。素素没说话，只是先静静地听对方发泄怨气。忽然，她瞥见客户桌子上放着的照片，是两个年轻孩子站在国外大学校门外的合影。于是，等客户稍微恢复平静的时候，她问道："照片里的是您的爱子吧，是在国外上大学吗？"

这句话，打开了两个人的话匣子。客户告诉素素，他的两个孩子都在国外读书，妻子的工作也在外地，自己常年守着这栋房子，空荡荡的没什么人声，所以才对声音很敏感，只要有点杂音，他就会觉得很烦躁。

素素和这位工程师这才明白原由。工程师表示会尽最大的诚意，来为他解决噪声问题，甚至亲自将耳朵贴到墙上，判断杂音现象到底有多严重。而此时，客户反而说道："其实也还好，没有那么严重！"最后，这位客户还介绍了新的客户给素素，以感谢她的细心体贴。

在和陌生人初次接触的时候，谈论对方感兴趣的话题，能够迅速建立起和谐的关系，对促进两人长久的交流带来良好的催化作用，甚至能够化解他人对你的敌意。有谁会不关心自己的孩子呢？更何况孩子在国外读书。素素就是把握了这一点，让客户主动谈起了自己最关心的事情，从而得知了原由，使得事情有了解决的契机。

聪明的女人懂得将心比心，知道如何抓住对方感兴趣的话题，吸引对方的好奇心和注意力，在短时间内缩短彼此之间的距离。就像两个熟悉的朋友，在闲话家常一样，心理上的隔阂减少了，交流便能顺利进行，一切问题也就会迎刃而解。

少说是艺术，别将心思全盘托出

美嘉周末来到妈妈的店里帮忙。一段忙碌的时间过后，美嘉有点口渴，便起身倒水。然而她发现放在角落里的那台饮水机已经很旧了，建议妈妈买一台新的回来。

美嘉看到商店里的旧饮水机隐藏在货架后面，饮水机旁边还放着脏脏的烟灰缸和一些廉价的小商品。她灵机一动说："妈妈，你想想，我们可以把饮水机放在商店门口，这样子经过的路人，如果口渴了想喝水，就有可能会顺便进来逛一逛。如此一来，商店的生意不就更好了吗？"

妈妈认真思索了一下，说道："你说的也是，可是我最近没有要买饮水机的计划啊！"

美嘉说："不是要您买新的饮水机，只是把旧的饮水机换个位置而已。"

于是，在美嘉的建议下，妈妈把饮水机放到了门口，果然出现揽客效果。没过多久，妈妈就买了台新的饮水机回来。

有时，**纵使心中已有万全计划，也别急着说出口，巧妙地将话题引到对方感兴趣的议题上，让对方在谈话中处于主导位置，从而达到双方尽欢的效果。**

试想，在谈话中，当我们发现了对方感兴趣的话题，并由此引发愉快的谈话过程，甚至让对方不由自主地侃侃而谈，这是多么令人欣慰的事情！反之，过度谈论自己、忽视他人兴趣所在的行为，则会造成相反效果。纵使你是顶尖销售员，你也将会因此失去很多客户：如果你原本有很多好朋友，她们也会因为你太自我，而渐渐离你远去。

| 会说话的女人最迷人 | COMMUNICATION SKILLS MAKE WOMEN CHARMING

- 心思缜密的女人，往往能够在和对方接触的时候，迅速发现对方感兴趣的话题，并将对方置于谈话的主导位置上，引发对方交谈的兴致。

- 根据情境发掘双方感兴趣的话题，就能使对话更加流畅。

- 说话时不要太过自我，关注对方要多于关注自己，这样谈话才能顺利地继续下去。

04 丢脸又如何？**敢自嘲的女人最迷人**

生活不会一帆风顺，总是充斥着各式各样的突发状况。当在不知不觉中，处在极度尴尬的境况下，这时该怎么办呢？难道就立正罚站，傻傻地在别人面前面红耳赤、无地自容吗？用自嘲的方式，来把自己从困窘的场面中解救出来吧！

人生的旅途这么漫长，谁都会不小心摔跤，弄得自己一片狼籍，抑或是被人有意无意地伤害，陷入难堪的境遇。遇到这种情况，我们不妨透过适时的自嘲来化解尴尬，重新掌握局面的主动权。

自嘲是要揭开自己的伤疤，这是一种绝佳的智慧与勇气。这份勇气，值得别人为你发出喝彩！

自嘲是幽默的最高境界，它是一种深沉的智慧。它源自于我们对生活的认真领悟，以及清醒认识到自己不足之后的冷静和睿智。

做一个迷人的女人，要拿得起，放得下，**不因为出丑而耿耿于怀，不因为别人的揶揄而怀恨在心，更不会因为一些小事情而想不开。**自嘲是一种智慧，敢自嘲的女性，是最迷人的勇者。

懂得自我解嘲，更能赢得尊严

天气阴沉沉的像是快要下雨，静安出门前考虑要不要戴帽子，她猜测应该一时半晌还不会下雨，所以便直接去上班了。

静安正骑着车，突然一阵大风迎面吹了过来。原本一头乌黑秀发的静安，瞬间变成了头发稀少、毫无形象的女人。原来，大风把静安的假发给吹掉了，周围的人见状都笑了起来。

静安沉默了一下，不慌不忙地说道："这头发本来就不属于我，从我头上掉下去，又有什么可笑的？"

周围发出了一阵善意的笑声，一个年轻人飞快地跑过来，将假发捡起递给静安。一场小小的喧闹，就像打湿地面的第一滴雨水，很快便消失得无影无踪。

我们暂且不去关注静安的头发是怎么造成的，也不去关心静安有没有为这样的头发苦恼过。但在这起事件里，如果当时静安的反应是立即刹车，然后从车上跳下来，手忙脚乱地捡起假发再戴上，这样滑稽的场景，想必会让围观的人更多，笑声更大，而她自己也会更没面子。静安用诙谐的语言，自嘲了一把，将自己的乐观、自信和勇敢，展现在大家面前，让大家原本看好戏的心理，转化成了同理心，可谓是很高明的说话方式。

当人们在遇到尴尬的时候，总是容易手足无措，左右为难，不知如何是好。此时，学会恰当的自嘲就很有必要。**语言是一种很神奇的力量，自嘲表面上看是嘲弄了自己、笑话了自己，但实际上，却是一种大度和从容。**它充满着面对人生挑战的智慧和大度，能够制造出欢乐和谐的气氛，让所有的人都觉得轻松和自在，从而提升你的魅力指数，使你成为一个迷人的女性。

在处于尴尬境地的时候，还能够坦荡荡地自嘲，不仅仅是一种风度，也是一种修养。如果能够妥善应用自嘲的力量，就能够将尴尬的场景，转化为会心一笑：在笑声中，你的智慧和迷人魅力，都会被大家看到。

自我解嘲，胜过针锋相对

春节刚刚过去不久，小羽在公车站牌等车的时候，不小心撞到了前面一位大妈。小羽刚想开口说声对不起，便听到大妈不满地嘟哝："这马年才刚到，怎么就出现一匹横冲直撞的野马，一不小心，这站牌还给撞出个大洞呢！"听到这番话，人群中发出一阵阵哄笑。

小羽内心里顿时升起一股无名火，原本道歉的话到了嘴边，也不想说了，反唇相讥道："更奇怪的是，蛇年都过了，怎么还有人在嘶嘶叫！"这下子，周围的人笑得更响亮了。

就这样，小羽和大妈你一言、我一语地对骂着，谁也不甘落后。眼看着围观的人越来越多了，小羽心想，再这样没完没了地吵下去，自己的事情都给耽误了，太划不来。于是小羽率先举起了白旗，说道："唉呀，阿姨，说到底是我撞到了您，您吃过的盐比我吃过的饭还要多，都是我的错，您就别跟我计较了吧。"

大妈看着小羽软化的态度，也感到有些不好意思。于是一场原本充满了火药味的对骂，就这样结束了。

在生活当中，难以避免和其他人发生摩擦。此时，如果两个人相互争吵、互不相让，非得要争个你死我活，反而容易愈吵愈烈。尤其是在公开场合，在众多围观的人面前，一方不想委曲求全地低头，另一方也不想太没面子地认输。这个时候，适度地自我解嘲，往往能够化解冲突。小羽就是巧妙地运用自嘲的方式告诉对方：看在您是我长辈的分儿上，今天的事情就这么算了吧！如此一来，既诙谐地结束了两人的争斗，也显示出自己的机智和大度。

也许有人认为，自嘲是一种示弱的表现，是暴露自己的缺点，其实不然。正因为自嘲需要拿自己的缺点来开玩笑，甚至将自己的短处放大，正确剖析，也才能博得别人一笑。所以，那些**缺乏自信的人是不敢自嘲的，因为没有乐观洒脱的心胸，就无法做到这一点。勇于自嘲，比硬碰硬更有力量。**

勇敢自嘲，展现危机处理能力

进入会议室的时候，经理再一次提醒大家，将自己的手机调成无声或者振动模式。杏娟拿出前几天刚买的手机，按了几个键之后，便随手放进了口袋里。

开会的时候，经理正在讲话，杏娟的手机却突然响起了悦耳的铃声。在安静的会议室里，格外刺耳。经理和同事们全都抬起头，看向杏娟。

　　杏娟有些尴尬，慌忙中将手机按掉，然后只看到整个会议室的目光都集中在自己身上，她不好意思地笑笑，说道："很抱歉，这山寨手机我才没买几天，没想到功能这么山寨！"

　　同事们一听到杏娟这么说，全都哈哈大笑，经理也忍不住笑了出来。会议继续进行，经理也没再与杏娟计较，继续讲话。

　　像这样尴尬的场合，**自嘲可是一副不可多得的灵丹妙药，能及时化解尴尬，恢复正常的气氛，将你从众矢之的中解救出来。**一位著名的口才大师曾说："无论你想笑什么，都不妨先从笑你自己开始。"在一片尴尬的处境里，杏娟成功地自我解嘲，化解了紧张的气氛，也在主管面前展现了危机处理能力。可见，自嘲的真正目的并不是为了在众人面前暴露自己的缺点，而是急中生智、打破僵局，让事情继续顺利进行的妙招。

　　当你面对挑衅的时候，自嘲能够让你化险为夷；当你被别人盛情相邀却又不便前往的时候，自嘲会帮你不露痕迹地表达拒绝；当你陷入窘境的时候，自嘲能够帮助你体面地从中脱身。学会自嘲，将尴尬变成笑声吧。

　　自嘲并不是自我辱骂，更不是让自己更难堪，而是展现自己的自信。这需要把握一定的分寸，使说出的话既能够愉悦别人，也能够显示自己的幽默。恰当地自嘲，让他人看到自己的不足，非但不会让他人小看自己，反而会令人刮目相看！

| 会说话的女人最迷人 | COMMUNICATION SKILLS
MAKE WOMEN CHARMING

- 当你陷入手足无措的境地之时，不妨开开自己的玩笑化解尴尬。

- 自嘲非但不会暴露你的缺点，反而还会为你增添光彩。

- 自嘲是幽默的最高境界，是不可多得的说话技巧。但只有心胸宽广的女性，才能成功地运用自嘲。

05 换位思考——拉拢人心让你赢得人心

在这个世界上，没有说不好的话，只有不会说话的人。当你觉得无法与对方沟通下去的时候，不妨换位思考，也许事情会柳暗花明。懂得站在对方的角度分析问题的女性，才能够受到大家的欢迎。

美国汽车大王福特说："如果成功有捷径可以走，那么站在对方的立场上去思考问题是一条最近的道路。"

我们习惯于在谈话中只关注自己，并且试图将自己的想法强加给别人，总觉得自己的想法都是对的，是解决问题的唯一方法，却往往没有站在对方的角度好好想一想，这么做是不是真的合适？如果是自己遇到了麻烦，会不会选择同样的方式来解决？

不管三七二十一，总喜欢长篇大论，并试图逼迫别人接受自己观点的人，是不会受到大家欢迎的。懂得先退一步、了解他人再说话的艺术，可以让话题顺利进展，并且成功地拉拢人心，让你赢得好人缘。适时转换自己的思路与话题，在人际关系中会更加游刃有余！

🫦 对症下药——依据性格与特点说话

月月经营一家很大的布料店，专门为一些成衣工厂供应所需要的布料。有一次，一位客户来工厂里看布料，因为对方的需求量比较大，所以月月不敢怠慢，亲自接待了这位客户。

在交谈中，月月发现这位客户性情有点急躁，一旦与人意见相左，他就会立刻全盘推翻对方的意见。于是，在带领客户察看样品的时候，月月适时地夸赞了他，说他工作资历老道，对选择布料的经验丰富，而且目光如炬。最后，商定价格的时候，月月先将每码布的价格定在了30元，然后说道："在这方面您也算是行家了，我们的开价是按照市场行情，就算给您多报，肯定也骗不了您。这样的价格要是您不满意，我们立刻重新帮您估价。"客户早在月月的赞美中飘飘欲仙，最后很痛快地定下了每码布25元的价格，而公司的布料进价其实是每码布22元。

月月妥善地把握了对方的性格特点，并从这点出发，技巧性地说出恭维他的话，从而让对方开开心心地和她达成了交易，达到双赢的目的。倘若我们都能够像月月这样站在对方的立场，多想一想，从对方的角度去分析问题，那么彼此的谈话，就会取得超出预期的成效。这种在谈话中投其所好的技巧，往往比语言本身更具有说服力，能更快地打动对方。

依据对方的性格特点说话，其实并不容易。它需要你拥有敏锐的观察力和一颗洞察先机的心。但这并不是不可能做到的，尤其对于敏锐聪明的女性来说，更不是一件难事。如果不深入了解对方，那么

谈话成功的希望就会大大降低，很多生意便无法顺利谈成，原本简单的事情，也许会变得很复杂。所以，真正懂得说话技巧的女性，总是会努力地从他人的个性去看问题，并且从谈话中不停地吸收经验和教训，不断地培养、提升自己为人处事的能力和与人交流的技巧。

说说"题外话"，不再鬼打墙

晓蕾是一家杂志社的编辑，最近主编安排她去邀请一位作家，给杂志撰写一篇专栏。晓蕾接到了这个任务，左右为难。原来，这位作家是圈子里出了名的老顽固，约他写稿的人络绎不绝，但能让他顺利点头的屈指可数。晓蕾大伤脑筋，虽然在正式见面之前已经做好了心理准备，但还是非常紧张。

果然不出她所料，和作家开会的时候，就像是鬼打墙。晓蕾试图将话题导引到稿约上，可是作家总是在谈论自己的猫咪。晓蕾很头痛，便有礼貌地告辞，约好改天再登门拜访。

再次上门的时候，晓蕾做足了功课。她把所有关于这位作家的访谈报道研究得非常透彻。她对作家说道："前辈，说个题外话。听闻您的大作最近要翻译成外语，在美国出版了……"

作家一听是关于自己的事情，马上表现出了浓厚的兴趣。晓蕾又说道："我想请问您，您的文字风格用英文能不能被准确地表达出来，以保证在美国上架的时候，还保留着原汁原味的风格？"

作家说道："就是这一点特别让我感到担心！"

话题于是得以继续下去。当然，最后晓蕾终于顺利完成了任务，成功拿到了作家的稿约。

如果没有良好的氛围，一段谈话是无论如何也继续不下去的。所以，如果我们想要开始进行一段有目的的谈话，**先不要急于切入正题，适度地说一些题外话。例如：对方感兴趣的事情，或者与对方有关系的事情等**，以此增加两个人的熟悉度，为接下来的对话营造一个良好的气氛，让对方尽快地接受我们，对我们产生兴趣。接下来，话题也才能更加顺利地沟通下去。

站在对方的立场上，从对方的角度去观察、说话，并且设身处地为他人着想，才能感动对方。要知道，人的痛苦之一，就是没有人理解自己。如果你能站在对方的立场说话，让对方觉得你和他是一方的，那么对于他人来说，你将会是一个值得谈话的对象。

高帽子人人爱，适度归功于对方

眼看着客户订购的珠宝马上就要开始投入生产了，梦云却发现在某些零件上出了点问题。因为客户的订单要得比较急，当时为了加快进度，梦云委托一家厂商帮他们生产珠宝零件。但在拿到货物的时候，却发现零件不符合规定。

梦云只得请厂商重新做一批。可是对方却迟迟不愿意动工，眼看双方僵持不下，梦云仔细想想，便跟厂商的负责人说："真的是很抱歉，造成这样的结果，我想这次完全是因为我们这一方的疏忽大意所

致，造成你们吃亏，真的是很过意不去。这次幸亏有你们的帮忙，我们才能发现这样的缺失。但是事情到了这个地步，还有赖你们将零件制造得更加完美一些，这样岂不是对我们双方都会有好处？"

厂商的负责人听了这番话，便很干脆地应允下来，用最快的速度做出了梦云所需要的零件，而且没有再另外收费。

可以想象，如果梦云坚持将责任全都推给厂商，并且命令厂商重做，那么厂商可能就不会这么痛快地答应下来。做为一间生产专业零件的厂商，有谁愿意听到外行人指责自己的专业水准呢？梦云选择为他人着想，站在厂商负责人的角度观察了整个问题，先将功劳全都归功于对方，而责任全都自己揽着，使得对方心花怒放，问题才得以顺利解决。

所以，当我们在和对方谈论事情的时候，**先不要急着下结论，稍微花一点时间，站在对方的立场，将整件事情通盘考虑**，并询问对方关于此事的看法，看看对方想要怎样解决问题。当你和对方无法达成一致意见的时候，不妨停下自己的脚步，冷静思考：对方是出于怎样的想法和你交流？如果你能成功地掌握对方的想法，说出对方想听到的话，那么事情很快地就会迎刃而解。而且，对方还会因为你的诚恳和贴心，建立起对你的信任，接下来的合作，想必会非常愉快。

| 会说话的女人最迷人 | COMMUNICATION SKILLS MAKE WOMEN CHARMING

- 人们总是希望他人相信自己是对的，并且按照自己的意志行事。其实，从对方的立场来解决问题，更能获得成功。

- 设身处地从对方的立场说话，是很不容易做到的。我们需要从一次次的谈话中吸取经验及教训，让自己不断成长，才能精益求精。

- 当我们学会为他人着想、懂得归功于对方的时候，也为自己的成功铺平了道路。

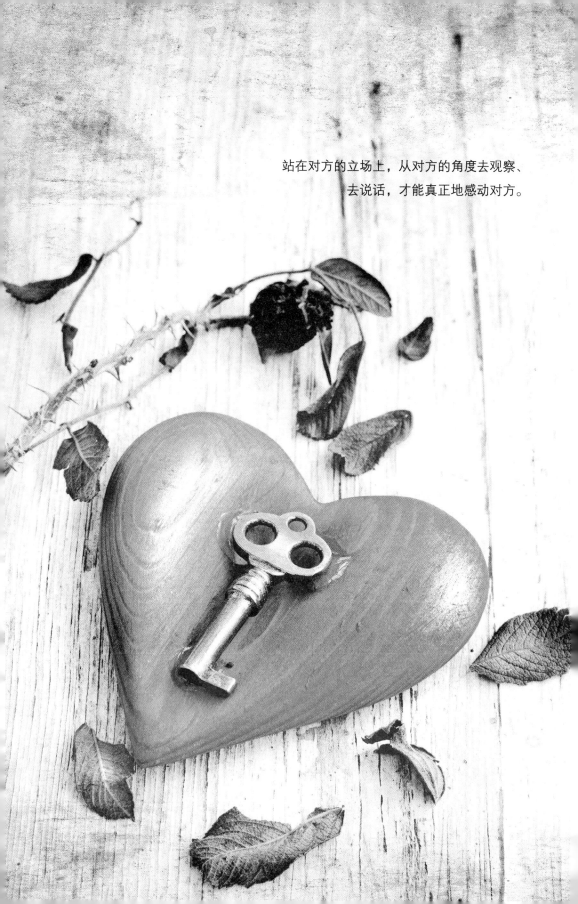

站在对方的立场上，从对方的角度去观察、
去说话，才能真正地感动对方。

06 会"说"会"问"，事情就已成功一半

交流是双向的关系，在交流当中，必须要有沟通才能达到交流的目的。因而，在交谈过程中，不能由单方面一直不停地说话，听者也要适当地根据对方说话的内容提问，然后才能主导沟通的方向，使自己掌握更好的发言权力。

在运动场上，运动员们流畅地投球、接球，大家相互配合，比赛就能顺利地进行，一气呵成拿到好的成绩。

人与人之间的谈话也是如此。一个恰当的提问，就像投出去一记好球，对方顺利接到你的球，接上你的话头，将话题继续下去，最后达成双方的共识。而一个坏的提问，就像一记坏球，使对方无法接到，影响到整场比赛的成绩。

要学会在讲话的时候正确地提问，建立起与人沟通的正向机制，才能有效拓展自己的人脉资源。

💋 关键问题，一个就够了

市内举办了一场成功企业座谈分享会，受邀者大多数是小有名气的成功企业家。小霞的老板因为事务繁忙而无法出席，就请小霞代替自己，前去参加这场宴会。小霞心想自己到了那里，只要露个脸，打个招呼就行了，于是就答应了。

没想到，到了宴会上一看，只见全场只有五张桌子，而小霞偏偏又被安排在一个企业家的旁边坐着。这下子小霞觉得万分难熬，自己不过是公司其中一个部门的经理，跟这些身价不菲的企业家聚在一起，能够聊什么？

后来，小霞灵机一动，问了企业家一个问题，便化解了自己的尴尬处境。她很有礼貌地问那位企业家："我早就听闻贵公司的大名了，请问您的生意是怎样成功的？"这一句看似不起眼的发问，却让企业家话题大开。他眉飞色舞地向小霞讲起自己创业的艰辛历程，从白手起家到功成名就，从创业的艰难到如今回想起往昔岁月的感慨，一整晚企业家都滔滔不绝，而小霞则很有礼貌地静静聆听企业家多年的成功经验。

最后，小霞不仅从中学到了不少宝贵的创业经验，也因为一句巧妙的发问，帮助自己摆脱了尴尬的处境。

即使是身份有别、即使身处自己不适应的场合，只要能找到合适而对方也感兴趣的话题，那么两人之间，就能成功地建立起密切的关系。小霞通过正确的提问，讨得了对方的欢心，使得对方一整晚都滔滔不绝，避免了双方无话可说的窘境。

也许有人会认为，发问是一件很困难的事情，不知道对方感兴趣的话题到底是什么。但实际上，问题往往就在你眼前。例如：当你看到对方在不停地抽烟，而他点烟的动作很特别，你就可以跟他说："你点烟的动作真特别！"这样话匣子就会自然而然地打开了。**尤其在面对一些害羞、内向的人的时候，巧妙地率先发问，有助于打破僵局。**

💋 引导式提问，直达目标核心

飒沐在银行工作，这天有位年长的客户来银行开户，在填写表单的时候，只填写了一部分资讯。按照规定，像这样资讯不全是不能开户的。飒沐想了想，如果强硬地告诉他，资讯不全不能开户，只怕看似倔强的年长客户生气，反而事情更难处理。于是，她问道："请问，您把资产都存到银行，那么在发生突发状况的时候，是不是最希望银行将您的状况转告给您的亲属呢？"

客户点了点头，说："这个当然。"

飒沐继续问道："如果银行没有您亲属的联系资讯，在您有突发状况的时候，是不是无法准确联系到您的亲属，维系您账户的安全呢？"

客户说道："是啊。"

飒沐于是说道："那么，您介意把表单上的内容补充完整吗？将您亲属的资讯提供给我们银行，这样才有助于银行永久保护您的财产。"

客户笑着将表单拿回来，填好了全部的资讯。飒沐透过几个别

出心裁的提问，让客户意识到完善资讯的必要性，并且让对方感觉到，这样做的目的是实实在在地在为他本人的财产所着想，如此一来，客户愉悦地接受了她的要求。

很多时候，我们都会和他人出现意见相左，而解决分歧的办法，绝对不是依着问题本身吵个不停，而是在一开始就绕过分歧点，从大家都表示同意的地方，开始重新提问，和对方达到同一个目标。而为了顺利达到这个目标，双方都必须做出让步。没有必要为了谁对谁错理论半天，也不用苦口婆心告诉对方该怎么做：善用提问的方式，引导对方先把结果说出来，问题就能很快解决。

💋 多方提问，成功十拿九稳

梦玲来到一家水果店里，问道："老板，你这里有枣子吗？"

老板急忙出来："有啊有啊，我这里的枣子都很大，每个都甜，而且很新鲜！"

梦玲上前看了看，并没有购买，转而去了第二家店。她同样问道："你这里有枣子吗？"

老板答道："有啊，酸枣、甜枣都有，您喜欢吃酸的还是甜的？"

梦玲说："那就给我来两斤酸枣吧！"

老板一边忙着替梦玲称枣，一边问道："来我这里的客人大部分都喜欢甜枣，您为什么喜欢吃酸的啊？"

梦玲高兴地说道："哈哈，因为我儿媳妇怀孕啦，特别喜欢吃酸的，所以我就替她买点酸枣回去。"

老板露出大大的笑脸，说道："那真是恭喜您，马上要抱孙子啦！儿媳妇有您这样的婆婆，一定很幸福吧？"

梦玲开心地笑着："哪里哪里，怀孕了，当然要让她吃好点！"

老板说道："是啊，怀孕的女人最怕营养不良了！那您知不知道怀孕的女人适合吃一些富含维生素的水果，这样生下来的孩子会比较聪明。"

"是吗？"梦玲问道，"那你这里哪些水果可以推荐？"

"您看，像奇异果、橙子，都是营养很丰富的水果，要不要先来一斤？"老板说道。

于是，那天梦玲除了买酸枣，还买了奇异果回去。而且，以后有事没事都会到这家水果店，替儿媳妇买水果。

提问就该不设限，掌握多面提问的技巧，才能达到良好的效果。人与人之间的交流是一种双向的沟通，并不是你自编自演的独角戏，而是需要双方都投入感情和思想的过程。懂得正确提问，才能更加顺利地沟通。

在提问的时候，要注意不要给人一种一开口就是在盘问对方的感觉。话题要水到渠成，提问要自然，在闲聊中顺势引出话题，不露声色地将别人带领到你的话题面前。而且，如果他人不愿意回答你的问题，你就要仔细反省，是不是自己提问的方式不妥当。万万不可紧追不放，非要别人说出口是心非的话，这就太不识趣了。

| 会说话的女人最迷人 | COMMUNICATION SKILLS
MAKE WOMEN CHARMING

- 一个正确的问题，才能引起良好的谈话过程，所以选择正确的问题很重要。

- 巧妙的提问能帮你解决问题。遇到无法解决的问题时，不妨用几个问句，将问题抛给对方，让对方说出解决的办法来。

- 提问要讲究技巧，要和对方有平等的交流，否则会让对方有一种你在盘问他的感觉。

07 开玩笑注意尺度，以免自己成为玩笑

开玩笑很多时候是一种令人开心的举动，它就像是一杯顶级清茶般沁人心脾，让人们在轻松愉快的精神状态中完成感情交流。在控制情绪、激励他人、改善人际关系的过程中，开玩笑是一种不可或缺的重要手段。但是，玩笑不能乱开，否则反而会适得其反，弄巧成拙。

在紧张的生活当中，如果有人在适当的时机说了很搞笑的话，那么大家紧绷的神经都会有片刻的放松，原本低沉的气氛会变得活跃起来，使后续的工作更加顺利。

风趣和诙谐，是放松精神的好办法。爱开玩笑的女人心境阳光，生活态度积极，会成为大家的开心果，走到哪里，就会把欢乐带到哪里。

谁都可以开玩笑，但是开个好玩笑，却不是那么轻易能做到的。大方得体的玩笑，能够将女性的迷人与智慧展现出来，而庸俗或不合时宜的玩笑，只会降低人的品位。

唯有根据对方的具体情况、现场的具体情形，开适合的玩笑，才不会真的闹出笑话来。

乱开玩笑，小心众人围剿

公司正在举办圣诞节 Party，同事们个个打扮得光鲜耀人，玩得很开心。真真突然玩心大起，想要开好朋友莉雅的玩笑。于是，她一脸神秘地对周围的人宣称，莉雅在上班的路上捡到了一张刮刮乐，里面刮中 200 万。

第二天晚上，莉雅家的电话开始响个不停。有人找她借钱，有人想要拉她入股一起合作做生意，有人羡慕她的好运气……莉雅哭笑不得，拼命跟人解释那只是真真一时兴起的玩笑话。可是大家根本就不相信，只当她是"此处无银三百两"。

接连好几天，莉雅家的电话都响个不停。她烦躁地拔了电话线，可是自己的手机又开始一声接着一声地响。自己平静的生活被打乱了，莉雅终于忍无可忍，和真真反目成仇，并且一纸诉状将真真告上了法庭。最后，依据法庭的判决，真真必须向莉雅公开赔礼道歉，还要赔偿莉雅的精神损失费。

这就是不注意分寸，乱开别人玩笑的后果。很显然，真真是没有恶意的，只是没有用对方式，才闹得大家都不开心，甚至朋友关系破裂。在大家聊天的时候，恰当时机地开个玩笑幽默一下，可以活跃气氛，放松彼此的神经，创造出一个融洽的气氛。在工作劳累的时候，开个小玩笑能够让人心情畅快，一扫工作的烦恼，以更充沛的精力来面对接下来的工作。在与他人发生矛盾的时候，用一个玩笑比较容易轻轻带过，化解矛盾。但是，开玩笑也要注意场合和分寸，否则非但无法发挥幽默的作用，还会引起误解，造成对方对你的厌烦，其至引发全民公愤。

开玩笑的主要目的，是让大家能够轻松体会到玩笑话里的善意和妙趣，从而发出会心一笑，这样的玩笑才是合适的，但若开玩笑的性质带有羞辱性，随便暴露他人隐私，或者很容易让对方没面子，这样的玩笑就太过恶毒了。玩笑最好不要乱开，尤其是在大庭广众之下。真真就没有注意到这一点，在大庭广众之下虚构了莉雅的隐私，从而给她的生活造成了负面的影响，两个人的关系恶化也就在意料之中了。

掌握开玩笑的尺度

璎珞和玲玲是闺中密友，她们结婚以后，彼此的老公也成了好朋友。这天，玲玲拉着璎珞，诡秘地说："嘿，我和你老公很亲密哦。"璎珞毫不在意地一笑："别胡说，我老公对我那么好，怎么可能背叛我？"

玲玲一笑，说："世上哪有不偷腥的猫呢？你不相信啊，那我问你，你老公胸口是不是有一个胎记？"璎珞愣了一下，狠狠瞪了玲玲一眼，转身就走了。

回到家后，璎珞和老公大闹一场。老公感到莫名其妙，直说她无理取闹。璎珞则是怒气冲冲地指责他背信弃义，始乱终弃。老公更加不解，不知道自己哪里背信弃义，哪里始乱终弃了。两个人闹得不可开交，璎珞气愤地朝老公吼着："你还说没有背叛我，你和玲

玲是怎么回事，她连你胸口的胎记都看到了，你还想骗我！"

老公总算明白是怎么回事了，拉着璎珞就去了玲玲家对质。玲玲看到事情演变成这个样子，感到很愧疚，说："璎珞，我是跟你开玩笑的。我也是听我老公说，他在和你老公一起洗澡的时候，看到你老公胸口的胎记。我本来想和你开个玩笑，没想到弄成这样，真的很过意不去……"

璎珞这才和老公重归于好，也原谅了玲玲的胡闹。

在生活当中，人们总是免不了开开玩笑。但是玩笑开不好，就会对他人造成伤害，甚至带给其他人很大的麻烦。有些玩笑可以开，但有些玩笑是绝对不能开的。**适度地开玩笑是一种修养，而过分地开玩笑只会显得格调很低。**具有幽默感的女性，会让人觉得轻松快乐。但总是随随便便开过分玩笑的女性，就显得轻浮和低俗了。前者懂得用友爱和善意来感化他人，让彼此之间的关系更融洽、更和谐，而后者则是将自己的快乐建立在他人的痛苦之上，用伤害他人的方式来博取大家的一笑，反而造成了人与人之间关系的紧张。例如，藏起别人急需使用的东西，或者就像故事里的玲玲一样，假装和别人的老公有暧昧行为，都是使人生厌的表现。

老板的玩笑开不起

雅轩在公司担任外勤人员，她聪明伶俐，头脑灵活，像只灵巧的小鸟一样，无论走到哪里都是大家的开心果。但是很奇怪，老板好像总是对她很不满意。例如，她熬了一个通宵加班，第二天还照常上班，但是老板反而还批评她处处没做好。雅轩满心委屈，觉得自己辛辛苦苦为了公司，但是老板却这样为难自己。公司的前辈看她萎靡不振的样子，出言提醒道："小轩，你想想看是不是哪里对老板不敬，或让老板不满了？"

这一个当头棒喝，让雅轩回想起来。她平时就喜欢和同事们开玩笑，后来看到老板为人和蔼，总是对大家和和气气的，便大胆地开起了老板的玩笑。例如，记得有一次，雅轩带着刚谈下来的客户和合约，请老板签字。客户看到老板潇洒的签名，恭维道："您的签名真气派！"雅轩一听笑着说道："那还用说，这个签名我们老板练习了好几个月呢！"现在回想起来，老板当时的脸色不是一般的难看！

雅轩沮丧地坐在座位上，怪不得她一直以来都精明能干，但是却总得不到老板的青睐，症结原来在这里。

很多时候，开开玩笑确实可以拉近彼此之间的关系，缓和紧张的气氛。但是如果随随便便地开玩笑，不分场合、不看尊卑，不考虑玩笑的分寸，很有可能造成自己寸步难行。就像雅轩一样，虽然能和同事们打成一片，但因为跟老板没大没小，甚至调侃老板，当然不会讨老板得欢心了。

另外，开玩笑不能过度。**开得起玩笑是一种能力，但开玩笑太过火，就不是一件值得提倡的事情了**。总是乱开玩笑的人，很容易造成他人的不信任，因为太过随便和轻浮，他人也会渐渐变得不尊重你。偶尔开个玩笑，活跃一下气氛，是无伤大雅的。但是如果过

度地和周围的人乱开玩笑，或者尽开一些庸俗的玩笑，那么只能说明这个人的人品有问题了！

| 会说话的女人最迷人 |　COMMUNICATION SKILLS
MAKE WOMEN CHARMING

- 即使是和熟悉的朋友在一起，也不能随便乱开玩笑。

- 一个善于开玩笑的人，不会不分场合地乱开玩笑。最好在准备开玩笑之前，分析好眼前情势，思考开出来的玩笑，将会造成怎样的结果。

- 开玩笑要适时适度，且在尊重别人、不伤害别人的前提下开玩笑。

08 批评的话这样说，对方听了还会感谢你

每个人都喜欢听好听话，这是人性的特点，很少有人能在好听话、赞美话面前无动于衷的。而批评他人就要小心为之了。当我们在批评他人时，要讲究一定技巧。学习不着痕迹地批评，用对方法巧妙地批评对方，运用女性的温柔力量，收服他人。

在我们的一生中，每个人都遭受过无数次批评，也曾无数次批评别人。但你认为，批评的目的是什么呢？

在很多时候，我们批评他人，只是为了发泄自己的不满，抱怨生活的不公，甚至透过斥责别人，来寻找心理上的优越感。这样的批评是人际关系中的大忌，会让你失去很多朋友。

做一个公正的人，不随意批评他人。纵使在批评他人的时候，也要留意维护对方的自尊，替对方留点余地。如此一来，才能成功达到提醒他人，同时也警醒自身。

批评别人，要先安抚对方

蜜雪是剧团的副团长，最近团里正在排练一个新话剧。演出日

期将近，演员们的表现却参差不齐。蜜雪看在眼里，急在心上，尽管对那些粗心大意出错的演员进行了严厉批评，还是有人会不小心犯错。

又一次彩排结束以后，蜜雪大发脾气，将跳错舞步、位置站偏的演员狠狠地批评一顿，然后自己跑到后台消火。这时，她听到后台统筹灯光管理的晓竹对打灯光的道具师说："谢谢大家的努力，大家辛苦了！今天舞台上的灯光效果真棒，照明组的配合很和谐，真是棒极了！"

那些负责照明打灯的工作人员个个笑逐颜开，神情愉悦。只听晓竹继续说道："只是，舞台中央有一盏灯光如果能偏向左边五公分就好了，还有靠近布景的那一盏小灯，在最后一幕里可以适度地熄灭……"她接二连三指出大家的错误，但大家却都满怀喜悦地接受了她的批评，并准备在下一次彩排中好好改正。

蜜雪若有所思地看着眼前的一幕。现在她知道该怎样才能让演员们相互配合，表现自己最佳的一面了。

为人处世，免不了会对他人不正确的作为做出批评。批评是一种负责任的表现，也是让对方有一个改正错误的机会，但是批评必须要讲求方法，方法正确才能达到预期目的，否则只会适得其反。

批评并不都是严厉的，只要你掌握好方法，它也可以令人感到温暖，然后毫不抵触地接受你的意见。**严厉的指责，往往会引起对方的敌对心理，增加双方的距离，使得双方在意见上出现相互对立的不良现象。**如果想要在不伤害对方的前提下，让对方接受批评，那么记得要在指责之前，先适度地给予中肯的夸奖，让对方知道自己并不是一无是处，树立起信心。然后，再告诉对方欠缺之处，这样就比较容易让对方心悦诚服地接受，并加以改善。

反之，如果总是劈头盖脸地训斥对方，事情往往会朝着越来越严重的方向发展。

善用批评这把双刃剑，以免伤人又误己

公司里的劳工安全监察员小强请假了，因为公司实在没有多余人手，所以临走前，小强特意拜托薇琪，请她帮自己去工地巡查两天。其实小强的工作并不难，只需要监督工地上的工人们都戴好安全帽，以免发生事故，追悔莫及。但就是这简简单单的一件事情，工人们却时常都做不好。有些人总是忘了戴，而有些人则是嫌麻烦，不愿意戴。

小强经常因为这件事情责备工人们。只要发现不戴帽子的人，就责令他们马上戴上帽子。结果，原本是对工人安全的考虑，但被严厉批评的工人们都很不高兴。只要小强前脚一离开工地，这些人就马上又把帽子给摘了，每次都让小强无可奈何。

可是，当小强回来之后，竟然发现所有的工人们都安分地戴着安全帽工作了。他惊奇于这样的改变，便去问薇琪："你是用什么法子，让他们这么乖乖地听话？"薇琪笑了笑，带他来到工地，刚好看到有个正在搬砖头的年轻人没有戴安全帽，便走上去问他："怎么

没有戴安全帽，是不是你的帽子戴起来不舒服？"年轻人憨厚地笑着："没有，我刚刚忘记了，这一趟搬完就回去戴上。"薇琪接着关切地说道："这种事情可不要掉以轻心呀！虽然是小事，但是很重要！"

小强这才恍然大悟。日后，小强也改变态度，用温和的方法来批评指正工人们。这样一来，他的工作更加顺利了。

虽然做人当有容人之心，但也不能对他人的错误放任不管。批评他人必须讲究一定的技巧，否则不但效率低落，还容易伤害他人的自尊心，造成叛逆心理，结果更不利于工作的进行。人人都有自尊心，所以**在批评他人的时候，首先要顾虑到他人的自尊心**，让对方感受到你的尊重，这样他才有可能乐于接受你的批评。

批评就像是一把双刃剑，适度的批评可以挽救一个人，但错误的批评却有可能令对方陷入情绪的低谷。所以，批评他人的时候要讲究方法，且要根据问题具体分析，对不同的人采用不同的方式。不要动辄讽刺、训斥、责骂，否则被批评者口服心不服，还会对你产生微词，不仅得罪对方，也会误了自己。

批评不公开，人缘跟着来

这一天，大家都在办公室认真工作着，新上任的办公室主任雪薇突然怒气冲冲地推门进来。她把手里的一份报表，狠狠地摔在会计的桌子上。大家吓了一跳，奇怪地看着雪薇。雪薇觉得这是个杀一做百的好机会，便狠狠地骂会计："你看看你这份报表！做了这么久的会计，连几个数字都算不好？你安的是什么心，上班时间给我认真点！"雪薇一说完，顿时转身离开。会计挨了顿狠狠的批评，既委屈又尴尬，将财务报表改好后重新上交。

雪薇以为，从此以后，大家在工作的时候会更加认真，办公室里的工作效率会提高很多。但她发现，每次她在分配工作的时候，大家都会相互推诿，不是说自己没时间，就是说自己手头上的事情还没做完。而且，平时在公司里，大家都躲着她。

雪薇这才意识到，也许自己杀鸡儆猴的举动并不合适。她当时如果将会计叫到自己的办公室谈这件事情，可能现在大家就不会这样躲着她了。但是为时已晚，她只有花更多的力气，让大家重新信任她。

人都是爱面子的，换一种方式来批评对方，事情可能就会有不一样的发展。**赞扬的话要公开说、大声说，批评的话要私下说。**这样除了能够照顾到对方的面子，还能提升自己的个人形象。另外，在批评他人之前，也要先想一想：对方为什么会犯错误，是粗心大意还是另有隐情？批评的时候要通情达理，不能横加指责。毕竟批评是让对方改正错误的手段，而不是为了发泄自己的不满，否则就有自私自利之嫌了。

一句话，有各种不同的说法。同样的话，用关切的语调说出来，和用严厉的语调说出来，效果是大不相同的。当你进行批评时，一定要留意，将他人的自尊和利益放在第一位，要让对方感觉到，你的批评是有益于他的教导，是针对事情本身，而不是针对他个人，这样才能达到良好的成效。

|会说话的女人最迷人| COMMUNICATION SKILLS MAKE WOMEN CHARMING

- 批评并不一定都是严厉的冷言冷语，有时换一种批评的方式，反而能达到更好的成效。

- 批评他人要用对方法，严厉的训斥并不会让对方心悦诚服，有时还会损害你的完美形象，损人不利己。

- 批评的时候，要留意维护对方的自尊。不要在大庭广众之下，声色俱厉地批评他人。

指责他人之前，
先适度给予对方中肯的夸奖，
再告诉对方欠缺之处，
比较容易让人心悦诚服地接受。

09 不但敢说对方错，女人也要有勇气接受指责

每个人都有不同的思维和生活方式，他人的种种言行，不一定全都符合你的心意。与人来往，总不可避免地要和各式各样的人打交道。但我们无法要求每个人对自己说话都能够彬彬有礼。当我们无法改变他人说话方式的时候，就要选择左耳进、右耳出，才不会受内伤。

生活就是这样无奈，要做很多我们不喜欢做的事情，要面对很多不喜欢的人。有时是烦人的朋友，有时是自私的同事，有时是自以为是的老板。

但是，尽管我们不想见到他们、不想与他们相处，但更多时候，我们不得不选择与他们合作，甚至有时候为了更快达到目标，我们还必须和这些人保持良好的沟通。

要做到这样，可不是件容易的事情，甚至可以说非常艰难。因为人的本能，决定了我们倾向于和自己喜欢的人来往。但是，要怎

样才能和自己不喜欢的人说话，是处理好自己人际关系时一种不可或缺的能力。

别将难听的话太放在心上，很多时候，这些"忠言"甚至是让你成长茁壮的养分！

将别人的挑剔，转化为成长的动力

品娴的老板很挑剔，在品娴看来，简直挑剔得不可思议。老板不仅处处找她工作中的麻烦，还每天都板着一张脸，生怕露出一点笑容。很多工作项目，品娴认为自己已经做得很好了，但是老板总能挑出些毛病来，就连自己的办公桌一天没有收拾，他也能逮着机会，训斥自己一顿。

这天，公司来了几位客人，忙碌的品娴没有及时替客人倒水，这可让老板抓住了小辫子，事后狠狠地训了她好久。品娴委屈地躲到茶水间掉眼泪，萌生了辞职的想法。不料，老板的夫人突然进来倒水，看到品娴的模样，便把她叫到办公室。

老板夫人说，老板刚到台北的时候，只不过是一个一穷二白的穷光蛋，从最基础的业务员做起，没钱的时候还睡过公园的板凳，口袋里的钱都舍不得用。他从小员工一路做到经理，再做到大老板，其间的辛苦和劳累是一般人都没办法想象的。老板本身是个很认真的人，容不得员工犯下不该犯的错误，所以很多时候对员工的要求相当严厉，但他其实是很关心员工的。

品娴这才渐渐理解了老板。往后，当老板再批评她的时候，她不再委屈、不再抱怨，而是将老板的批评记在心里，告诉自己要再认真一点，避免再犯同样的错误。慢慢地，她的工作效率逐渐提高了，老板的挑剔，成为了她工作进步的契机。

有时候对于自己不喜欢的人，我们可以尽量避免和对方接触。但更多时候，我们不得不去面对他们，甚至还要笑脸相迎。这个时候，我们要学会的，就是适应对方的性格，抑或是尝试改变自己对对方的刻板印象。

当我们不喜欢一个人，总是有着各式各样的理由，既见不得对方的优点，也讨厌对方的为人，甚至连对方身上一些小缺点都无法容忍。但是，当你换个角度去看待对方的时候，你就会发现，其实对方身上也会有着你所敬佩的优点。如此一来，你对他的态度就会自然而然地改变，想要和对方融洽相处，也就不是那么困难了。

将"责备的话"转化为"友善的建议"

铭月刚进公司的时候，公司还不成熟，说她是"开国元老"一点也不为过，现在的她也算是小有资历的员工了。最近，铭月的直属经理调走了，本以为自己可以接替这个职位，没想到公司又聘请了一位新的经理。

有一次，经理和铭月一起去见客户。在进行业务洽谈的时候，铭月突然想起公司还有一件事情，需要她亲自去办理，于是表明要先返回公司。结果挑剔的客户当场有了意见，认为他们根本不在乎跟自己做生意。经理现场严厉地批评了铭月，说她丢三落四，事先都不知道要好好计划一下。

铭月感到很生气，她好歹在公司这么多年，不看僧面也要看佛面，至少替自己留个面子吧，不要当着客户的面说得这么难听。本来铭月就不满一个"外人"来管理自己，这下子更是气不过，当场和经理吵了一架，转身走人。

从此，铭月就觉得经理处处看自己不顺眼，她看到经理时也觉得很别扭。于是，她能不和经理说话就不和他说话，能减少和经理在一起的时间就绝对不和他多相处一秒钟。她想调到别的部门，可是自己在这里才能发光发热啊！铭月苦恼极了。

无论什么时候，我们都不要先入为主，不要先戴上了有色眼镜，然后责怪对方不喜欢自己，找自己的麻烦，不愿意配合对方。我们可以先假设对方是你的朋友，他的态度是友善的，并不是要恶意攻击你。抱持着这样的态度和对方相处，就能够平衡自己的心理。试想，如果铭月换一种想法来看待经理：公司能聘请他过来，说明他本人有能力坐这个位置；经理当着客户的面批评她，是因为客户更加重要。这样一来，她就不会觉得经理自以为是，故意刁难她了。

有一句话是这样说的："**当你无法改变这个世界的时候，先从改变自己做起。**"当我们无法改变周围环境的时候，调整自己的心态、改变自己，你将会发现，周围的环境不像之前那么难熬了。对待他人宽容一些，相处起来将会更加融洽。

💋 将自己归零，了解他人的说话模式

淑萍在工作中遇到了一些不开心的事。她觉得和一些人合作实在很痛苦，她不喜欢他们趾高气昂、挑三拣四、无端找她的碴儿的样子。于是，在机会来临的时候，淑萍跳槽换了工作。

新的工作总是让人觉得具有挑战性。在新公司里，淑萍将百分百的精力投入到了工作当中，并迅速建构起新的人际关系。可是，她发现她遇到了和以前一模一样的问题，那就是在工作中，总会有那么几个人，视她为眼中钉，好像什么事情都在针对她，处处找她的麻烦。

因为有了前车之鉴，淑萍这次没有辞职，而是静待事情发展。时间久了，当她对这些人全面认识以后，她慢慢地发现，有时候两个人相处不对盘，并不是因为对方在工作中对她有意见，或者故意找碴儿，而是因为两个人的性格不同所导致。她自己本身属于比较火爆的性格，眼睛里容不下沙子，而那几位同事也都是急脾气，这样的人聚在一起，稍微遇到一点摩擦就会发生争执。

在往后的工作中，淑萍在和他们相处的时候，总会提醒自己，在他们面前放低姿态，这样下来，她的工作顺利多了。

淑萍很聪明，对于她不喜欢的人，她选择了暂时的退让，并试图去了解对方，这才发现了问题的症结在彼此的性格上，从而对症下药，缓和了紧张的关系。在生活当中，有太多的人总对别人抱有偏见，却又不愿意去深入了解对方，仅凭片面之词，就对别人心生不满，这样下来，两个人之间的关系只会越来越不好。

试着去了解你所不喜欢的人，习惯他们的说话与行为的模式，并多从自己身上找原因：是自己对于他人的看法太过狭隘，还是自己先入为主地以为对方不喜欢自己，但其实对方并无此意呢？别一竿子打翻一船人，将所有"敌人"划入你"老死不相往来"的名单里，损失了一些良友还是小事，若是原本可以有双赢的机会，却因为你的偏见而毁掉，那可就得不偿失了。

|会说话的女人最迷人| COMMUNICATION SKILLS MAKE WOMEN CHARMING

- 和自己不喜欢的人相处，是一种很重要的能力。现代女性都必须学会这种能力，才能在人际关系中游刃有余。

- 对待其他人不要带有任何偏见，如果你坚持着不喜欢他的态度，很容易造成两个人关系的恶化。

- 不要太习惯于责备别人，要学会从自己身上找原因。

10 话说一半就好，
小心多话破坏身价

"犹抱琵琶半遮面"，描述着欲言又止的美丽。在为人处世当中，我们也要适度地欲言又止，总有一些话是不该说的，或者是需要我们委婉一点表达。请将想要说的话留下半句，更能发挥良好的作用。若是性格太过耿直，太容易快人快语，很容易把事情搞砸。

尽管在大部分的时候，说话要坦诚，因为太过拐弯抹角的话总让人觉得不是很舒服。但是更多时候、更多的话，需要我们只说一半。

我们经常可以见到，有些人是有什么说什么的直肠子，结果往往说话太过直白，引起了别人的不悦，把原本能谈成的事情给搞砸了。

做个半句话女人，话到嘴边暂缓一下。例如，当你想要吐露他人的隐私和秘密的时候，要将嘴里的话留住，不要随便说出来；在尚不了解事实的时候，留下自以为是的见解，以免伤害到他人，给自己带来麻烦；批评他人的时候，尽量点到为止，不用完全说尽。

当你将自己的语言反复删减之后，你会发现，原来很多话根本不用说。话到嘴边留半句，惜言如金，留下的会是自信、是宽容、是美丽。

💋 Hold 住自以为是的见解

正当缤纯的事业如日中天时，她接到了公司的调职令，要让她去一个偏僻乡镇的分公司当一年经理。在其他人看来，也许这是个很好的职位，但是他们哪里知道，这个乡镇可以说是不毛之地，到了那里，根本别提有什么工作前途了！

缤纯心想，一定是自己做错了什么，公司高层对她有意见，才会这么处置她。于是，她诚恳地去跟上司进行沟通，表示自己一定会尽心尽力工作，希望公司能够收回这项决议。

其实，公司的意思是要让她去条件艰苦的地方锻炼一段时间，看她有没有管理一个公司的能力。如果她通过考验，回来之后将会被提拔为总公司的副总经理。听到了缤纯的异议以后，公司高层聚在一起商量，觉得她是个可塑之才，还是坚持了原先的决定。

可是缤纯并不相信，她坚持公司高层一定是对她有意见，故意为难她，在她的职业道路上铺下绊脚石。于是，她心不甘、情不愿地去了分公司。到了那里以后，她天天提不起精神工作，越来越消极。半年后，当总公司派人去巡查的时候，发现整间分公司气氛散漫，工作积极性很不高，于是只好无奈地放弃了对缤纯的培养计划。

当我们手头信息不全的时候，就会对某个人或者某件事情形成偏见。缤纯自以为是地以为公司是在打击她，却没想到实际上是在磨炼她。在消极情感的影响下，她对公司的偏见更加厉害，导致失去了一个良好机会，可以说是自毁前程。

人或多或少都会对一些事情存在偏见，但这种偏见不是不可以

克服的。**懂得说话的女人，总能忍住自己说话的欲望，往往到了关键时刻，才会画龙点睛地说破事实**。其实在保持沉默的时候，懂得说话的女人并不是没有想法，而是在隐藏自己的真实看法，并且收集大家的意见，以修正自己的看法。当听完大家的话以后，她手中的信息已经差不多完善了。这种考虑再三的想法，当然会令大家刮目相看。

💋 话别说太快，避免"莫须有"的伤害

又到了公司开例会的时候，公司里大大小小的员工全都集中在会议室，静静等待淑红发言。淑红照例总结了一下大家最近的表现，而在提到几名员工的时候，淑红的态度非常严厉。

原来，这几名员工在上班时间偷偷翘班，外出喝酒，喝醉了以后还在外头闹事，最后还是派出所通知公司来领人的，这件事对公司形象产生了极坏的影响。淑红的语气不由得严肃了几分，对这几个人提出了点名批判。

可是，有一名员工表示自己并没有参与这件事情，但淑红却点了他的名字。淑红正在气头上，听到竟然还有人非但不承认错误，还想把事情推得一干二净，更加愤怒了，语气也更加严厉，话说得更加难听，矛头直指这位员工。这位员工也感到很委屈，明明自己没有犯错，凭什么为自己辩解还要挨骂？于是当场翻脸离开了会议室。

事后，淑红发现确实是自己弄错了。但是事情已经发生了，在

员工提出异议的时候，她并没有停下来弄清事实，而是坚持自己的批判，这才引起了员工的抗议，在大庭广众之下，彼此都闹得很没面子。

如果淑红能够及时紧急刹车，为这些不恰当的批评画上一个休止符，那么想必事情就不会闹成这样了。谁都难免会误判情势，无论是看错了对象，还是误会了对方，造成自己的批评或指责太过无理。有争议的时候，一定要及时弄清真相，还给对方一个清白。

就算对方真的做错了事情，但如果他已经认识到自己的错误，并且已经痛下决心要改正了，你再批评他，只会打击他的信心。再者，**如果你的批评有可能激化矛盾，对他毫无帮助，那么还是把话收回去吧！**

就算对方真的有挨骂的必要，也要注意点到为止。把容易伤害到对方、打击对方自信的话收回去，多余的指责和漫无目的的废话，就别说出口了。若是你能适时维护对方的自尊，这种态度会留给对方正向的心理压力，让对方觉得他已经犯了错，你却没有当面点破。这样对方才会对你心存感激，并且对你印象深刻。

把发牢骚的精力拿来解决问题

小梅从小到大都是大家嘴里的才女，她满腹经纶，熟读诗书，看过很多文章，也写过不少作品。最近，她参加了一个报社的征文活动，大家都说凭她的文采，头奖非她莫属了。但是，当活动的奖

项公布以后，小梅发现自己竟然名落孙山。

这可气坏了小梅。她连拿到奖金以后请同事吃饭的饭局都订好了，这下子自己多没面子。她生气地在家里走来走去，破口大骂，抱怨上天真不公平，批评那些评审委员收了其他人的贿赂，骂现在这个世道，没有一点关系，连个奖项都拿不到。

她不停地抱怨，说得口干舌燥，看到自己的父亲无奈地看着她。她委屈地说道："爸爸，我受了这么大的委屈，你怎么也不安慰我？"

父亲平静地说道："小梅，我没读过你参加征文活动的文章，但我想一定写得不怎么样。"

小梅很生气："你都说没看过了，凭什么这么说！连你也欺负我！"

父亲说道："你看看你现在的样子，满嘴抱怨、牢骚，没修养，没内涵，本事不高还怨天尤人。这些种种若是表现在你的文章里，肯定也会有所体现，所以，你文章没得奖也算公平！"

小梅恍然大悟，惭愧地向父亲承认了错误。她也没有取消同事的饭局，在饭局上，她分享这次的失败让她明白了自己还有很多不足，还需要付出更多努力。看到她这个样子，同事们反而更加佩服她了。

牢骚抱怨的话语，是世界上最无力的语言。在我们的生活当中，处处充满了不如意的事情。当你遇到不顺心的事情时，如果总是抱怨不休、牢骚不停，那么事情永远不会得到圆满的解决。学习将嘴里的牢骚留住，将抱怨暂且按捺，你将会有新的视野、新的发现。

| 会说话的女人最迷人 | COMMUNICATION SKILLS MAKE WOMEN CHARMING

- 生活中有很多话，只需要说一半就够了。对于一些无事生非的话，不要太过在意。

- 有时候，你对他人的批评和指责是不恰当、不正确的。事先调查清楚事实，再对当事人进行评判，才不会伤害到别人。

- 有些话根本不用多说。例如牢骚和抱怨，只会影响你的形象。

Chapter 2
事业步步高升
的说话术

人们说，职场如战场，一个女人如果想要在这样危机四伏的地方来去自如，那可需要很高明的智慧，以及机智多变的说话技巧。否则，当你还在思索下一句话该怎么说的时候，生意已经被人抢走。在职场上唯有说得漂亮，才能抢得先机！

11 不要轻视肢体语言泄露的秘密

透过观察对方的表情、眼神、手势、姿态等细节，学会揣测对方的内心世界，准确地把握住对方的想法，更有助于你在职场上立基。懂得察言观色的女人，在职场中总能获得"发球权"，在瞬息万变的职场中走得更高更远。

你是否有过这样的经历，当你正在和客户谈论某个话题的时候，他不用正眼看你，或者是专注于自己的事情，眼睛看着别处，心不在焉。当你还没有讲完某一个环节，他便不礼貌地频频点头。事实上，他根本就没听进去你在说什么。

这时候，就需要你学会察言观色，从对方的神情、动作、肢体语言等具体细节中，寻找突破困境的办法。懂得察言观色的女人，知道如何眼观六路，耳听八方，说话一针见血，恰到好处，让人心服口服。她像是可以洞穿别人的思维，而且对方也会心甘情愿地被她牵着鼻子走。

看场面、说对话，掌握谈判筹码

丽佳是公司的业务主管，在一次商务谈判中，丽佳绝佳的口才以及特殊的气质让对方感到很满意，所以谈判进行得很顺利，只等着下午签订合约。

午餐时，丽佳带着对方的陈总等一行人去酒店吃饭。席间，丽佳为了缓解上午谈判时的紧张，就没有再继续谈论工作上的事情，只是随兴地聊着天，从天南聊到地北，从风景民俗聊到各地趣闻，整场饭局的气氛愉快而轻松。对方对丽佳的办事能力十分肯定，他们表示，和这样的公司合作肯定会非常愉快。眼看着一笔利润很大的订单就快要谈成，丽佳十分开心。

这时候，不知道是谁开启了新的话题。有人说丽佳的衣服十分漂亮，称赞她一定是一个十分有品位的女人。丽佳笑着回答道："我在去年见过陈总的太太一面，她才是一位真正优雅又有品位的女人呢！"

岂料这句话一出，陈总的脸色立刻沉了下来，随后，他便埋头吃饭，没有再多说一句话。

丽佳摸不着头绪，于是，悄悄地走出房间，打电话给秘书，请她立刻调查。

十分钟后，秘书打电话来，原来，陈总的妻子在一个月前因癌症去世，听说陈总悲痛欲绝。

丽佳知道情况后，走进包厢，端起酒杯敬陈总："陈总，小时候我读过一句诗，一直到现在都很喜欢，我也想把那句诗送给您：'人

生天地间，忽如远行客。'人生苦短，重要的是珍惜，相见即是缘分，丽佳会好好珍惜和陈总您合作的机会。"

陈总听完后，感激地望了丽佳一眼，说道："丽佳，放心吧，我相信我们的合作不会'苦短'！"

做人做事，不能只长眼睛而不看脸色，只有投对石头，才能找对路。在职场中尤其如此，懂得察言观色的女人，就能处于主动的位置，说正确的话。**这样的女人具备一双"穿透的眼睛"，能从对方的语言、神态、肢体中捕捉到一切有利的信息，然后把这些信息巧妙地变成自己谈判的筹码。**这样的女人能言善道，字字铿锵，能够点石成金，化腐朽为神奇。在职场当中，她就如一个美丽的舞者，无论在刀山、火海、平地、溪流，都能尽情地舒展自己美丽的身姿！

让客户说出难言之隐，缔造双赢

露露在一家房地产公司担任业务，在公司里，露露的销售业绩是最好的，一年当中，蝉联好几个月的销售冠军。今年年底，露露终于被公司提拔为销售主管。

谈起自己的销售经验，露露笑着说道："其实也没什么，重要的是，你要知道客户心里在想什么。"

有一次，一位顾客打算买房子，露露替他介绍完之后，这位顾客对房子的位置、格局、价格都非常满意，并表示自己非常想买。可是，对方却迟迟不愿意签合约。

露露见他愁眉深锁，不停地叹息，猜测这位顾客一定有难言之隐。于是她便问道："先生，您是不是有什么困难？如果有的话您可以尽管讲出来，我们会尽力帮您解决。"

几番询问之下，这位顾客才道出事情的原委。原来，本来他已经准备好了房子的头期款，可是上个星期他母亲生病住院了，是癌症末期，已经时日无多。老人家临走前最大的愿望，便是能看到儿子拥有一间新房子，然而原先准备好的头期款，他已经拿出来一部分给母亲看病了⋯⋯

露露听完，马上跟公司汇报了这个情况。公司做了专案处理，让这位先生先付头期款的一半。这位先生得知以后，紧紧地握住了露露的手。

还有一次，一位顾客来看房子。露露在跟他交谈的过程中，知道这位顾客喜欢阳光，因此，露露就跟他介绍一间光线很充足，阳台很大的房子。果然，这位顾客十分满意，当场就签下了合约。

现实生活中，总是有很多人不直接、不干脆。有时候，他们心里明明有难言之隐，却碍于情面否认；明明心里有话，却又因为种种原因欲言又止。这样下来，在沟通交流之中，增添了不少难度。

成功的说话者，能够从对方的神情、语言等，找寻信息，打开对方谈话的门，为自己开启成功之路。

乘胜追击，创造佳绩

圆圆在一家大型连锁超市担任采购，为了替公司购得物美价廉的商品，圆圆费尽心思。而她最近正为一件事情烦恼着。

这两天，圆圆联系了一家厂商，这家厂商所提供的所有货品，都要比同行便宜个 2% ~ 3%，而且他们的商品质量非常好。圆圆在与这家厂商交流的过程中，发现对方也有与她们合作的意图。圆圆以为事情可以顺利解决，如果双方合作顺利的话，她便可以每年为公司节省 500 万的费用。

可是不知道怎么回事，虽然圆圆为对方开出了优厚的合作条件，对方也很满意，但迟迟等不到对方和自己签订合约。圆圆左思右想，觉得对方一定在骑驴找马，寻找更合适的合作对象。这让圆圆感到很生气，但也只能静观其变。

机会终于到来。这天，圆圆正在和他们谈判的时候，厂商无意中透露，现在的供货商太多，竞争越来越激烈了。圆圆一听，觉得机不可失，于是开口说道："是啊，商场竞争这么激烈，一旦失去机会，便要从头再来。做生意一凭质量，二讲道义，不可不慎啊！"

圆圆一说完，厂商顿时愣了一下。

圆圆接着说道："刚刚有感而发，现在我们谈谈正事吧！"说完之后，她询问厂商："您看，您对我们的条件还满意吗？"

厂商频频点头，下午就派人送来签好的合约。

在职场中，把握好说话良机，绝对可以让你事半功倍。若是说话的时机未到，只会增加盲目的交流；说话的时机来到，说出的话

自然贴切，同时还会引起他人的重视。 俗话说，机不可失，过了这个村，就找不到这家店了！因此，一定要在适当的时候，说出适当的话，这样说出来的话才有意义与价值。

| 会说话的女人最迷人 | COMMUNICATION SKILLS MAKE WOMEN CHARMING

- 察言观色的目的，并不是投其所好，拍对方马屁，而是要懂得对方心里想什么，把话说到对方心里去。

- 谈判过程中一定要从小处入手，善于抓住细节，这样才能顺利地达到目的。

- 要在适当的时候、适当的场合，说适当的话，让自己处于主动的地位。

12 说谎说得好，
升迁比人高

现实生活中，撒谎并不是一件值得肯定的事情，但必要的时候，还是需要用谎言来成就自己。撒谎也可以不是为了自己的利益、昧着良心说假话，而是将谎言作为一种手段，以退为进，为自己、也为别人留一条后路。必要的时候，谎言甚至可以化解职场上的矛盾！

谎言分为好多种，一种是为自己取得某种利益，而进行隐瞒和掩盖，是一种欺骗的行为。还有一种谎言是善意的，这种谎言不伤及别人的利益，却可以消灭不可预料的冲突、回避感情方面的伤害。对于身处职场奋斗的女性来说，说谎可以作为运筹帷幄的策略。巧妙的谎言，既成全了别人，也成就了自己。

💋 违心之论，为自己赢得一席之地

莎莎在一家设计公司上班，主要负责企业的 CI 设计（Corporate Identity，简称 CI，CI 设计即有关企业形象识别的设计，包括企业名称、标志、标准字体、色彩、象征图案、标语、吉祥物等方面）。身为年轻的设计师，莎莎在这家公司里，有一套自己的生存本领。

莎莎的老板有一个坏毛病，就是在和人争论的时候，总喜欢争强斗胜，即使知道自己错了，也不愿意承认自己的错误。每次莎莎设计一个新的方案，老板总要亲自过目一番，如果莎莎设计得好，老板就会眉开眼笑，直夸莎莎是美女加才女；如果莎莎做得不好，老板就会要求她重新修改。有时候，莎莎觉得项目已经尽善尽美了，交给老板过目时，老板的坏毛病又出现了。他会指着莎莎的设计挑三拣四，诸多批评。在这种情况下，如果莎莎跟老板强辩，老板就会把莎莎狠狠地批评一顿，并要她拿回去重新设计。相反地，如果莎莎说："对，老板，你的建议很好，我怎么就没想到呢！"如此一来，老板就会回答："算了，这次就先这样吧，你的方案虽然有一些缺陷，但总体来看还是不错的！下次继续努力！"

在与同事相处的时候，也会遇见同样的问题。明明自己辛辛苦苦设计的方案已经差不多了，可是拿到资深员工那里，总会被鸡蛋里挑骨头。刚开始的时候，莎莎会依据自己的专业，据理力争。可是后来她发现，每次她的反驳，换来的都是他们无情的批判。所以莎莎干脆退一步，即使自己是对的，她也会谦虚地向对方说："没错，您的建议很好，我会好好考虑！"

令莎莎没想到的是，她的违心之论，使得老板和同事更加欣赏莎莎。老板甚至常常对着莎莎的设计方案说："还不错，值得借鉴！"

身处职场，盛气凌人的人比比皆是。这样的人好面子，不管是

高昂的姿态、不可一世的语调，都显现出他们要的就是面子。若是你暂时的违心之论，可以让他有面子，保留自尊，他就会反过头来认可你，达成意想不到的效果。

适时说些反话，以退为进飞更高

灵珠是建筑设计师，最近她正在规划一个项目，为一个老板设计一栋别墅。本来这个项目是难不倒灵珠的，毕竟自己是一流学府毕业的高材生，还参与过大大小小的设计项目。尽管如此，灵珠最近还是遇到了一个很棘手的问题。

原来，这个老板有着很深的宗教信仰，是一位虔诚的基督教徒。灵珠在为他设计别墅的时候，已经融入了很多宗教的元素，若从专业设计的角度来看，简直恰如其分。如果别墅里融入了太多宗教元素的话，就会影响到整体的设计效果，毕竟这是别墅而不是教堂。但如果宗教元素太少的话，这个老板一定会有所挑剔。所以早在设计之前，灵珠就已经费了很大的心思去解决这个问题。

现在，正式的设计方案出来了，里面所融入的宗教元素恰到好处，多一分是累赘，少一分，整体的设计方案便少了一种氛围。灵珠对自己的设计方案很满意。可是，当灵珠把自己的方案拿给老板审阅时，老板的回答竟是："整体的设计方案还不错，唯一不满意的是屋顶没有十字架。"

这个回答让灵珠左右为难。如果按照老板的说法，在屋顶加上一个十字架，自己的整体设计恐怕要全部修改，因为那个十字架会影响到别墅的整体美观。可是不加上去的话，这个老板肯定会大发雷霆。

灵珠想了想回答道："您的建议很不错，我过两天再把别墅的模型送过来！"

两天过后，灵珠送来了屋顶上包含十字架的房屋模型，一同附上原本的设计方案，以及修改后的新方案，并跟老板说："加上十字架后，是不是更符合您的需求呢？"一个小时之后，灵珠接到了老板的电话，他说："请把屋顶上的十字架拿掉！"

职场当中，常发生这样的情况。明明是自己精心构思的方案或者作品，但是，却遭到别人的反对。这个时候，如果你向对方据理力争，对方反而不容易接受你的意见。相反地，若你能够**先隐藏自己的真实想法，说些反话，然后等对方自己考虑清楚**。如此一来，以退为进，变被动为主动，再度出击，永不嫌迟。

说谎不是罪过，还能让你赚更多

庆庆拥有一家中型规模的食品加工厂。最近，庆庆接到了一笔国外大公司的订单。庆庆粗略地估计了一下，如果她们工厂能把这笔订单谈成的话，会有将近 500 万元的利润。庆庆可以用这些钱来扩大工厂投资，这对她的工厂来说，是一个绝佳的机会。

令庆庆为难的是，如果按照这笔订单的技术需求来看，她们的

工厂是没有问题的。但是，毕竟只是中型规模的工厂，相应的设备和人力仍有限制。一旦将这笔国外订单接过来，在规定的时间之内，只能完成订单的80%。但如果不接，那么庆庆就白白失去了一次绝佳机会，短期内她们的工厂可能就没有翻身的机会了。如果庆庆委托其他厂商一起生产，恐怕又会违背合约，因为国外厂商明确声明，要庆庆她们公司独立完成订单。

这该怎么办呢？庆庆处于两难的境地。

前思后想好几天，庆庆决定接下这笔订单，把剩下的20%委托给另外一家工厂。专业人员和生产技术都由庆庆公司调派过去，她只不过是借用了另外一家工厂的员工和机器。直到生产结束，庆庆都没有告诉国外厂商这个秘密。经过这次的合作，庆庆的工厂靠着那笔资金，成功扩厂。现在，庆庆正经营着当地最大的食品加工厂。

不可否认，我们从小接受的教育，就是要诚实。无论是在社会还是在家庭，诚信都是做人的原则。但是，职场如战场，如果这个时候你还不改变思路，那么只会让自己错失先机。

职场之中，必要的善意谎言，可以为自己赢来理所当然的利益。 有时候，必要的谎言还可以保护自己。身处职场，应该学习说些善意的谎言，只要那些谎言不违背自己的原则，也不会牺牲别人的利益，那么，说个谎言又何妨？

聪明的女人懂得变通，虽然遵守做事的原则，但懂得改变做事的方法，从而能够在充满诱惑与竞争的职场中，游刃有余，迈向成功。

|会说话的女人最迷人| COMMUNICATION SKILLS MAKE WOMEN CHARMING

- 善意的谎言，利己却不损人。说谎并不意味着要牺牲别人的利益，相反地，必须以不伤害人和牺牲别人为前提。

- 诚实守信是做人的原则，但是，必要的谎言也是必需的。

- 谎言也是人生的一部分，它存在于我们身边的每一个角落。用正确的眼光去看待谎言，有时候它并不是一件坏事。

13 别再装客套，一针见血展现女人魄力

古往今来，凡是有所作为的科学家、思想家、政治家，往往目标明确，说话一针见血。目标明确，犹如人生中有太阳照耀，驱散人们前进道路上的迷雾。在谈话中目标明确、一语中的，让对方明白你的意图、态度和决心，才能有所作为。

现实生活中，不管做什么事情，只要想做、有心去做，锲而不舍，就像愚公移山一样坚定不移，就一定可以战无不胜、马到成功。

说话也是如此，唯有从一开始就找对目标，确定自己要做什么，才能确定方向，瞄准核心。商务谈判中，往往需要一针见血的发言，咬紧目标、语出惊人，这样才能在气势上压倒对方，从而让对方没有还手的余地。

🙂 找出 Key Man，谈判最有利

公司正在进行一场极其艰难的谈判，方芸是这次谈判的主要代表，所有的谈判项目都在方芸的控管下，有条不紊地进行着。可是，谈判差不多已经进行了一个月，直到现在方芸都还没有见到对方的

老总。眼看所有的事情都要看对方的老总点头做决定，但对方却迟迟不肯露面，方芸开始感到心急。

方芸恳请对方的老总出面谈判，这样，很多事情都可以当面解决。但是对方一直强调，时机未到，他们的老总便不会出面，要他们耐心等待。再这样下去，公司始终要处于被动地位，对公司非常不利，方芸为此大伤脑筋。

这天，谈判还是照常进行，方芸却发现了一个以前从未注意到的细节。对方的谈判代表中，有一个人自称是陈副总，在他的旁边总是坐着一位年龄稍大的中年男人。几场谈判下来，虽然那个人始终没有说一句话，但是陈副总似乎对这个人格外尊敬，每做一个决定，都要回头看看这位中年人，如果这位中年人面无表情，陈副总才和方芸继续谈判。

"袁总，谈判已经进行了很多次了，我们明人不做暗事，还有很多事情需要您裁决。我们开门见山吧，这样可以提高效率，对于你我都是有好处的。袁总，您说呢？"

方芸说完，陈总旁边的中年人不禁愣了一下。

原来，方芸早就私底下调查过了，对方公司真正的负责人姓袁，隐藏身份是他惯用的谈判技巧，目的就是为了私底下考察对方的实力。

说话办事，一定要找对人，才能说对话。因为只有真正的主人，才握有决定权。射人先射马，擒贼先擒王。现实生活中，有人为了办一件事，奔走了无数回，费了不少口舌，受了不少折腾，可是却收效甚微，原因就是没有找到真正的 Key Man，没有机会把话说出来。说话之前看清目标，才不会走冤枉路。

咬紧谈话目标，不达目的誓不罢休

美国第六任总统亚当斯，很少轻易表露自己的观点，他的这个特点让很多媒体都伤透了脑筋，很多记者来采访时，常常为此束手无策。

有一次，一位名叫安妮·罗亚尔的记者去采访他，想知道亚当斯总统关于银行问题的看法，可是几次下来都没有采访成功——她根本进不了白宫的大门。于是，安妮静静地等待时机。机会终于来了。这天，亚当斯总统外出，安妮一路跟着他来到了一个河边，等到他脱完衣服下河游泳的时候，她便从树林里走出来。她坐在总统的衣服上喊道："总统，大事不好了，你赶紧游过来！"

"你要干什么？"亚当斯吃惊地问道。

"总统您不要害怕，我是一名记者。"安妮平静地说道。

"这几个月我一直想采访您，了解一下您对国家银行的看法，之前我好几次到白宫去找您，可是他们却不让我进去。我已经跟踪您很多次了，这是唯一一次成功的。现在，我就坐在您的衣服上，您必须要接受我的采访，否则的话，您就别想得到您的衣服，那样的话您就只能在水里待着了。总统先生，现在您愿不愿意回答我的问题呢？"

亚当斯无奈之下，只好接受了安妮的采访。

有时候，找到关键人物说话、办事是很困难的。但哪怕是厚着脸皮说烂嘴，磨破脚皮跑断腿，只要表现出足够的决心，就没有办不成的事，不愁没有说话的机会。

信念是一个人前进的勇气和动力，就像安妮为了能够采访到亚当斯总统，除了超乎寻常的勇气与耐心之外，更有着坚定的决心。

盯紧自己的目标，不达目的誓不罢休。虽然有时候在别人看来，这种做法很缠人，但有时候却是解决问题的唯一办法。尤其是与陌生人打交道，更是一门很深的学问，因为和对方没有任何交情，所以只能制造说话的机会，一但把握到时机，就要好好发挥。

无论软硬兼施也好，死缠烂打也罢。重要的是，在你的语言当中，要向对方透露出你的思想与目的，表明你一定要成功的决心、你一定要达到的目的。如果无法达成目标，你就一定还会继续进行下去。这样一来，对方便会因为你的决心，跟你透露更多讯息。

| 会说话的女人最迷人 | COMMUNICATION SKILLS MAKE WOMEN CHARMING

- 说话时一定要看准目标再开口，这样说出来的话才不会唐突。否则的话，不仅办不好事，甚至还会引起一些不必要的麻烦。

- 在职场中与人洽谈时，一定要向对方传达清楚自己的意思。

14 暂掩强势一面，用温言软语征服众人

> 女人说话时，清脆有如黄莺出谷，动听有如高山流水，深邃有如空谷幽兰。然而，最动听的是温柔的言语。女人的温柔就像是一杯芬芳的酒，让你不知不觉中沉醉。这种温柔表面上看似弱不禁风，实质上却锋利如剑，是一个女人最厉害的武器。

身处职场中的女人，难免要费尽心机地和别人斗智斗勇。有的女人声如洪钟、气势如虹，她们的气势强到只能让人仰望的地步，令人难以亲近。

还有一类女人，看似娇弱如花，然而却能在诡谲多变的职场中穿梭自如，谈笑间樯橹灰飞烟灭。这样的女人，外表没有强硬的形象，也没有高傲的姿态，她们只是运用自己独有的温柔，大无畏地行走在职场的枪林弹雨中。她们懂得与其高傲地出谋献策，还不如谦虚地温柔浅笑，提供适当的意见。

女人的温柔，是一把看不见的钢刀，有时足以劈钢化铁。聪明的女人，若是懂得好好利用它，就能使之成为自己最厉害的武器！

温柔说话术，远胜咄咄逼人

欣蓝是一家设计公司的设计总监。这天，她和一位客户约好了时间洽谈业务。他们把时间约在了下午 3 点，欣蓝照例提前 20 分钟到达约定地点。对方还没有现身，于是欣蓝静静地等待着。3 点了，对方还是没有到，欣蓝看了看时间，手指轻轻地敲着桌面。

3 点 30 分，对方的身影还未出现，欣蓝有些不耐烦。于是，她拿起手机拨了对方的电话，可是对方却没有人接听。欣蓝开始生气了，要不是看在这是个大客户的分儿上，早就走人了，何必等到现在。

"算了，还是等等吧。"欣蓝说道。

接近 4 点，客户终于出现了。

欣蓝本来很生气，但是碍于情面，回过头来说了一句："没关系，王先生，您路上还顺利吗？"

"抱歉，让您久等了，路上塞车太厉害，还请您原谅！"

后来，洽谈很顺利地完成了。因为欣蓝的耐心与温柔，为公司签到了 50 万的设计方案。

温柔的语言，能让女性在职场中处于有利地位。尤其是在与人谈判时，大多数人见惯了咄咄逼人的姿态和语言，太过高傲往往让人很不舒服。**不妨逆向操作，换一种温柔的态度闯荡职场，会更容易为自己打开一扇窗。**

现实生活当中，女人驾驭职场的手段有很多种，愚笨的女人哭喊、打闹、威胁、撒泼；聪明的女人斗智斗勇，善用温柔的力量作实用的武器。很多时候，一句柔情的话语，一个浅浅的微笑，就可以请人替自己办事。何必强势过头，既达不到效果，还破坏了自己的形象。女人的温柔，更胜于一把尖刀的力量。身处职场，何不好好利用这样的武器呢？

做个软语呢喃的女强人

玛雅今年 38 岁了，她既漂亮又温柔，娇小可爱，凡是见过她的人，都以为她是一位全职太太，在家里相夫教子，贤良淑德。事实并非如此，玛雅是一个女老板，在事业上丝毫不逊于男人，经营着一家拥有几百名员工和数千万资产的公司。但是，玛雅不是一般人想象中的女强人，在她身上，看不到印象中女强人具有的锋芒和锐利。

她声音温柔，说话不快不慢、不愠不火，娇滴滴的，感觉是个十足的小女人。见过她的人都以为她是一个邻家太太，怎么也难以把她和一个有着数千万资产的大老板联想在一起。

不过，在员工的眼里，玛雅是一个真正的好老板。她严厉却不苛刻，对待员工就像对待自己的家人。在员工面前，她从来都没有过盛气凌人，也没有大声地指责过他们。有时候，员工难免会犯错，玛雅从不对他们大发雷霆，而是采用自己独特的管理方法去教导员工。她首先会询问员工，是不是遇到了困难，有没有什么难解的问题。通常，还没等她问完，员工早已愧疚得低下了头。

对待生意场上的伙伴，玛雅也是温柔相待。奇妙的是，很多厂商都愿意跟玛雅合作，他们说玛雅柔中有刚，充满温情，和她合伙做生意很愉快。因为在她身上，找不到商人的奸诈与狡猾，有的只是暖暖的人情。

女人追求事业，并不一定要尖刻犀利。女强人给人的印象，通常是霸道凌厉、威严老辣，这样的行事作风与说话方式，有时却是心虚的表现。相反地，女人的软语呢喃，是她们身上一道天然的屏障，容易使对手掉以轻心，同时隔着这个屏障，别人也不容易把女人看穿，从而为自己赢得迅速出牌的时间和机会。

温柔的女人并不懦弱，温柔是一种独特的个性，它同时也是另一种形式的刚强。温柔的女人独具魅力，拥有征服他人的力量。

说话温柔，也能铿锵有力

秋霞是一位女老板，最近公司里新招募了一群刚毕业的大学生，他们刚出校门，办事生疏稚嫩，秋霞看在了眼里。

明天公司要去日本考察，秋霞决定带公司里的一位新人去。临走前，秋霞和新人确认相关事宜，提醒她要带的东西，准备什么档案，甚至连穿什么衣服都跟她说了。尤其是护照，秋霞再三叮嘱她一定要带护照，否则是上不了飞机的。新人信心满满地说："没问题！"

第二天上午，她们在机场见面后，秋霞请她拿出护照，准备办理登机事宜。新人在包包里翻了半天都没有找到，秋霞问她："你是不是忘记带了？"

新人回答说不可能，出发的时候还在包包里呢。她在包包里找了好几回，但只翻出了一堆的零食，还是没找到护照。

"没关系，你再好好找找。会不会是弄丢了？"

这时新人才恍然大悟，想起来早上搭乘火车的时候，她感觉到有人把手偷偷伸进了她的包包里。而且秋霞所需要的档案，新人根本忘记带出来了。

新人知道自己闯了大祸，站在那里哭了起来。

"好了，不要哭了，刚出来工作难免犯错，以后用心点就可以了，我相信你有资质！"

"可是，我连档案也忘了带！"

"没关系，这个让我来解决吧！"

秋霞说完，女孩感激地望了她一眼。从此以后，她更加努力地工作，现在已经成为秋霞的得力助手。

温柔的女人就像是一朵芬芳的花，可以以柔克刚。温柔有穿透人心的力量，是一种有格局的修养，充满对他人的宽容和谅解，是一种成熟的处世态度。

|会说话的女人最迷人| COMMUNICATION SKILLS MAKE WOMEN CHARMING

- 软语呢喃不只是娇滴滴地发嗲，而是用语言的力量去征服别人，在职场中闯出一片天。

- 事实证明，强势与尖锐的言论，并不一定能在职场中取胜，轻声细语，反而更有可能成为十分有利的武器。

- 说话的时候，尽量让自己的声音平静柔和。不疾不徐，同样能够展现出力量。

15 "装傻" 让人放下戒心乐意亲近你

一个人锋芒毕露，未必是件好事，有时候可以适度地装傻。懂得装傻的女人，会在该装傻的时候表现得宜，让人感受到气度和修养，还有她的大智若愚。不想装傻的时候，她会明确地告诉别人她的原则，让人感觉到她的威严神圣不可侵犯，不威而重。

学会装傻，是一种大智若愚。懂得装傻的人，知道该糊涂的时候就糊涂，该退一步的时候就退一步。女人身处职场，锋芒太露就很容易引起别人的关注。这样的高姿态反而不利于自己的职涯发展。适时地装傻，必要的时候才展现光芒。

水至清则无鱼，人生在世若事事明了、聪明过头，是一件辛苦的事。因此，一定要学会适时装傻，该低头的时候就低头，该糊涂的时候一定得糊涂，该吃亏的时候不抱怨。这样，不仅生活过得愉快，还能在职场中如鱼得水、游刃有余。

💋 隐藏自己的实力与底线

小丽是公司里的王牌推销员，销售化妆品的功力无人能及。公司里有上百名推销员，但是每次业绩考核，小丽总能脱颖而出。不过，让人十分惊讶的是，这位王牌推销员并不是一个长相靓丽的女孩，而是一个相貌平凡，甚至还有点口吃的人。

小丽的故事无意间被一名记者知道了，记者想知道她是如何做到的，就亲自跟着小丽，旁观了好几次推销。最后，这位记者终于明白，小丽成功的秘诀在于，她很懂得装糊涂，很懂得保留实力与战斗力的艺术。

例如，这天小丽去一家美发设计公司，小丽事先了解到这家公司的女老板喜欢茶道，同时，还有一个令她十分骄傲的女儿。

小丽来到这家公司后，直夸女老板公司的员工个个光鲜靓丽，发型又独特。接下来，小丽看着女老板办公桌上的茶具，询问她是不是喜欢茶道。这位女老板一听到感兴趣的话题，立刻兴致勃勃，跟小丽大谈茶道知识。小丽边听边不停地点头，并且不断地赞美对方懂得真多。而事实上，小丽本身就是来自茶道世家，对茶道的了解，可谓是专家。

不仅如此，小丽还巧妙地把话题转移到孩子的养育上，并向这位美丽的女老板请教，如何做一个好妈妈。

聊到最后，这位女老板不好意思地说道："真不好意思，耽误了您那么长的时间，我尽说些没有用的话。这样吧，我跟你购买十套化妆品！"

几次下来，记者发现小丽在与顾客聊天当中，不管那些话题小丽是不是熟悉，她都会以一种外行人请教专家的态度，诚恳地和对

方交谈，耐心地听人把想讲的话讲完。

有一句至理名言，叫做难得糊涂。事实上，难得糊涂是一种处世的大智慧。身处职场中，很多事情都是瞬息万变的，你永远都不知道下一刻会发生什么事。或许这一刻你还是高高在上的经理，下一秒钟就成了街边的一个无名小卒。做人不能玩世不恭，但是也不能认真过头、钻牛角尖。如果凡事太过认真，就会过得很疲累，在职场中与人格格不入。**说话的时候适时装傻，技巧性地将主题带往自己的目标，才更容易成功。**

该低头的时候不强词夺理

小莉在一家公司担任业务，来到公司五年，小莉的表现一直很好。但是最近小莉的身体很不舒服，接二连三的感冒和发烧让她感到很疲惫。尽管如此，小莉一向争强好胜，所以没有向公司请假。

小莉这样的工作状态，已经连续持续了好几天。这天，小莉照常带病上班，一个客户打电话给她，向她询问公司产品的状况。小莉头痛欲裂，没有听清楚顾客在说什么，糊里糊涂地将一个产品信息弄错了。

第二天小莉刚到公司，就被总经理叫到了办公室，狠狠地斥责了一顿。小莉这才知道，昨天自己向客户报错了资料，结果使对方公司造成了严重的损失。

小莉没有多说什么，只是诚恳地跟总经理道了歉。因为这几年小莉的表现很好，所以总经理也没有再多说什么。

在职场当中，硬碰硬不失为一种壮举，据理力争有时可以维护自己的权益。但是，如果硬要拿着鸡蛋往石头上砸，也只是做无谓的牺牲。所以，该低头认错的时候，就毋须强词夺理。

小莉在工作中争强好胜，带病工作，以至于在工作中出现了严重的错误。当老板在批评她时，她及时勇敢地承认了错误，因此避免了老板的责罚。能屈能伸，留得青山在，不愁没柴烧。**低头认错，并不代表软弱无能，而是暂时退后，以退为进。嘴里承认着错误，内心里也要认真反省，等待在职场上重新站起来的一天。**虽然暂时地低头，但同时也还要保有掌控全场的豪气与霸气。要知道，运气虽然暂时远离你了，但是机会还在你的手中。随时保持前进的勇气，这样一来，你身上所展现出来的能力和气度，也会同样使人折服。

不点破他人过错，职场关系更加热络

舟舟大学毕业后，进入了一家知名的跨国企业。接到录取通知时，舟舟显得特别地开心，她好像看到了美好的前途正在向她招手。但是，等到舟舟真正进入公司，她发现一切并不是她想象中的那样美好。首先，第一个问题就是人际关系。

舟舟觉得在工作当中很难和同事进行沟通。其他的资深同事总是看起来很忙，舟舟是新人，工作中难免会碰到不清楚的事务，她很希望其他资深员工可以多告诉她一些解决的办法。可是，每当舟舟想要找他们帮忙时，才发现每个人都在低头忙自己的事情，好不容易找到一个人，对方的态度还异常傲慢。

有时候，舟舟和同事讨论起工作进度，同事也是爱理不理的。有一次，舟舟因为一个项目，被经理狠狠骂了一顿。事实上，出错的部分是其他同事负责的，不过舟舟并没有直接揭穿，而是找到那位同事，诚恳地说道："这个项目是我们两个共同完成的，现在出了问题，如果您不介意的话，我们两个一起修改好吗？"

对方被舟舟的诚恳感动，终于敞开心扉和舟舟一起共事。

赢得了公司里第一个伙伴的信任之后，慢慢地，舟舟也赢得了公司里其他同事的认可。

职场当中，往往最容易犯的错误就是心高气傲，眼高手低。人们往往争强好胜，喜欢表现出优越感，发现别人犯了错，很容易就脱口而出。舟舟的成功就在于，将自己放在一个中庸的位置，看到别人出错，也不会去告状，而是共同解决问题，看似吃点亏，其实在职场中得到了信任与友谊。

身处职场中，难免会遇见钩心斗角的状况。但是，古往今来，凡能成大事者，都是能忍人所不能忍，不轻易把话说破，不与人斤斤计较，吃亏就是占便宜。

表面上，吃亏的人似乎比较傻，事实上他们得到的要比别人还多。愿意吃亏的女人，拥有一颗宽大的胸怀，她们懂得宽容和原谅别人，因此在言语上从来都不与人斤斤计较，而是本着宽大的胸怀，谦和地对待别人。她们说话从来都不尖酸刻薄，即使在职场的暗流中，她们也总能平静面对。

|会说话的女人最迷人| COMMUNICATION SKILLS MAKE WOMEN CHARMING

- 装傻并非真傻，而是大智若愚的表现，将话题慢慢导入自己的目标，以达到目的。

- 难得糊涂是一种心态，用在语言上则是一种技巧。善于装糊涂的女人，更容易被人所喜欢与接受，在职场中游刃有余。

- 吃亏是一种福气，面对别人的过错，不脱口而出，一同承担与成长，迈向职涯的高峰。

16 开口 5 **秒内**，决定对方是否**听你说**

把话说到对方的心坎上，是一项重要的本领。懂得说话的人，句句话都能说到别人的心坎里，能精准地预测对方下一步的心思和动作，在职场上脱颖而出、左右逢源。这样的人，人际关系处理得宜，让人如沐春风，能成为大家都喜欢合作的对象。

日常生活的说话办事，一言一行都决定着你的成败与否。俗话说，祸从口出，病从口入。尤其是在关键的时候，说话之前一定要三思，说者无心、听者有意，有时候，很可能就因为一句话，而断送了自己的大好前程。

有些人说话口若悬河，但是与其滔滔不绝，还不如把话说到重点上，这样才能让听者信服。说话就要说到关键点，一味地胡言乱语，只会事与愿违。

一个迷人的女人，说话时从来都不会言不及义，她只要一张嘴，所说的话便恰到好处，增一分太长，减一分太短。在佩服她良好口才的同时，也不禁为她的智慧暗暗折服！

说得多不如说得巧

金金在一家大型企业上班，她今年刚满 25 岁，非常年轻。但是在公司里，大家都戏称她为"大姨妈"。原来，这是因为金金说话时常常会一句话重复好多遍，公司主管请她汇报工作进度，她总是抓不住重点；办公室的同事询问她工作上的事，她也是一句又一句地重复解释，自己讲得筋疲力尽，别人也听得晕头转向。所以公司里的同事打趣说道："开会时听金金做汇报，我打瞌睡一个小时，醒过来照样能听懂她的报告内容，因为她的话和我打瞌睡前讲的一模一样！"

所以，每次公司或者部门开会时，经理总安排金金最后一个发言。因为经理害怕金金会耽误大家的办公时间，有好几次她的话还没有说到一半，经理便不耐烦地说道："行了，行了，你说重点吧！"更有些时候，经理就直接请她住口别说了。

亦帆与金金就大不相同，她说话干脆利落，条理清晰。平时虽不见她怎么说话，但是她只要一开口说话就语出惊人，切中要害。所以，同事们每次发言完毕，总想要听听她的意见，请她分析或者总结他们说的话是否正确。

金金和亦帆是两个性格完全相反的人，金金虽然喜欢说话，但是大家都不喜欢听她说。亦帆虽然话不多，但是大家都喜欢和她说话。由此可见，**一个人说话是否受别人欢迎，不在于她说了多少，而在于她说的是什么**。一些人之所以话太多、喜欢长篇大论，无非是想显示自己的才能。现实生活中，还有些人往往喜欢把长篇大论当作是有水平的表现，但事实是说话说重点，才能显示真才实学。

　　说话滔滔不绝、唠叨不停的女人，实在让人厌烦。她们几乎不会考虑听者的感受，也不管自己的话别人是不是喜欢听，别人是不是必须要听。听者虽然很厌烦，但是通常碍于情面也只好忍着，心里却骂声连连。

　　关于多说与巧说，墨子曾经这样形容比喻："话不在多，而在恰当，田间的青蛙每天都叫个不停，但是人们都不予理睬，而雄鸡每天只啼鸣两三声，人们就应声而起。"这样的形容，实在是太贴切了！

💋 谈判的态度，决定成功指数

　　筱微是公司的财务主管，这两天她碰到了一件令她非常头疼的事情。有一个非常难缠的厂商，负责人积欠她们公司 500 万，筱微和他们已经周旋了好几次都没有结果。对方的态度很强硬，不管筱微怎么说，他们就是不愿意还钱。

　　筱微感到很苦恼，因为这笔金额很巨大，如果再无法拿回账款，筱微公司就可能要面临着资金周转的困难。老板为此很发愁，筱微也是担心得睡不着觉。

　　"是不是我说错了什么话呢？"筱微心里仔细思考着这两天和对方的交流，终于筱微察觉到，可能是自己的态度过于强势，一直强调自己债主的身份，所以对方才不愿意乖乖还钱。

　　当筱微意识到这个问题后，决定换一种方式去和对方谈判。她不再像之前那样咄咄逼人，而是对对方动之以情，晓之以理，把公司的实际情况，公司所面临的困难等，跟对方讲明。经过筱微的一番努力，对方终于被她的诚意打动了，不到一个礼拜，就把账款付清了。

现实生活中，谁都不喜欢和咄咄逼人、虚情假意的人打交道。讨人喜欢的关键，在于打动对方，而打动别人的最好方式，就是用真心诚意去感动别人。

筱微刚开始的时候，采用强硬的态度和对方谈判，结果让谈判陷入了僵局。后来她变换方式，转硬为软，用真诚的话语和对方交流，最终赢得了客户的信任。

女人天生就是感性的动物，这样的感性，也可以适时用在商场上。在商场上，一个具有良好口才、富含感情的女人，很容易打动别人。一旦打开了对方的心扉，也就意味着赢得了别人的信任，从而为她的做人处世提供了很大的利基。

要想用诚心打动别人并不难，记得保持一颗真诚的心，不要巧言令色、油嘴滑舌、敷衍了事。同时，要根据当时场所和对象的不同，把自己最好的一面透过言语表达出来。如此一来，别人就会容易被你吸引与打动，从而造就更愉快的合作。

掌握公司信息，才能避免误闯禁区

心心刚到新公司不久，一次公司聚餐，大家都纷纷举起酒杯，向公司的老总敬酒。轮到心心时，心心举起酒杯说道："王总，祝福您大富大贵，儿孙满堂。"心心这句话说完，王总立刻脸色铁青，所

有的员工也都顿时安静了下来。

心心还没有弄清楚是什么情况，就听见公司的刘副总赶紧说道："王总，心心是新来的员工，我听部门主管反应，她的业务能力还不错。今年公司招募了不少新员工，而且都很有能力，相信我们公司明年的业绩一定会一级棒！"

说完刘副总跟心心说道："你先下去吧。"心心满腹疑惑，刚坐回自己的位置，公司里与她要好的小美便说道："心心，幸好你来公司的时间还不长，不然的话你今天死定了，明天就不用再来上班了。"

心心一脸迷惑，便问道："这是怎么回事？"

原来，王总本来有一个儿子，可是三个月前儿子不幸因车祸死亡，王总悲痛欲绝。他的妻子失去了生育能力。曾经有一次，也有一位员工不知情，无意间触犯了王总的忌讳。王总以为别人在故意嘲笑他断子绝孙，当场拂袖而去，弄得大家很没有面子。心心倒吸了一口气，还好有刘副总打圆场，不然她就真的惨了。

身处职场，一定要先了解状况再发言。俗话说："知己知彼，才能百战百胜。"千万不要因为不清楚状况，说错了话。有句话说："一个人不会说话，那是因为他不知道对方需要听什么样的话。"相同的道理，你也要**设法知道，对方"最不愿意听到什么话"**。唯有这样，你才能真正地把话说到对方的心里。

| 会说话的女人最迷人 | COMMUNICATION SKILLS MAKE WOMEN CHARMING

- 掌握三个"巧说"原则：说话不要咄咄逼人，留给别人说话的机会，让人觉得你是友善的。

- 说话不在多，在于经典。要把话说到对方心里，就要句句说到重点上，而不要顾左右而言他。

- 要把话说得精准，就要在日常生活中用心地锻炼。只讲重点，才能在关键的时候发挥用处。

一个女人说话能否受到他人欢迎，
不在于她说了多少，而在于她说了什么。

17 避重就轻，才能避开职场中的明枪暗箭

在现实生活当中，很多人说话都喜欢避重就轻，遮遮掩掩，故意避开对自己不利的话题。适时地避重就轻，让自己跳出职场中的危机及陷阱，也无可厚非。使用得当，不仅可以让自己脱离困境，还可以变被动为主动，为自己赢得一个主动出击的机会。

说话是一门艺术，也是一门学问。很多时候，一句话就可以带来成功，也可以带来失败。最关键的时候，一句话可以让人保命脱身、转危为安，也可以让一个人身陷囹圄，招来不必要的麻烦。

避重就轻是说话的一门战术，真义是避开敌人的锋芒，找出其弱项，主动出击，从而让自己巧妙夺取优势。在职场之中，可以作为保护自己的手段。巧妙地运用避重就轻于生活当中，更可以适时避开尴尬。

避开针锋相对，远离两败俱伤

燕燕从大学毕业后，就在一家公司担任总经理特助，已经十几年了。公司的老总是一个和蔼可亲的长辈，对燕燕也很好，燕燕在工作当中也很得心应手。身为公司的资深员工，燕燕工作兢兢业业、

勤奋刻苦，因此深受老总的信任，公司里大大小小的事情，老总也喜欢交给燕燕处理。

可是最近老总因中风住院了，公司暂由老总的儿子接管。新上任的年轻总经理，并没有太多的实务经验，虽然也小有才华，但为人却好大喜功，容易自满。所有的一切，燕燕都看在眼里，老总多次叮嘱她："要好好帮助新上任的总经理。"因此，燕燕也十分用心辅佐，而新上任的总经理也很尊重燕燕。

这天正在召开股东大会，有一个股东不怀好意，想把燕燕赶出公司，从而自己来操控一切。他当着全体股东的面说道："忠臣不事二主，既然老总已经不在公司了，那么燕燕就该离开，她不适合再担任总经理特助，否则老总的思想会影响到新的总经理，影响公司的发展。"

那个股东的用意燕燕十分清楚，这个发言很不友善。如果燕燕回答得不好，自己就只好离开公司，这样，那个股东的目的就达到了。

只听见燕燕平静地说道："忠良的臣子，愿意为公司鞠躬尽瘁，死而后已。燕燕虽不才，但毕竟在公司里已经待了十几年，和公司一起经历过风风雨雨。老总更是智慧过人，带领公司从一个只有十几人的小公司，发展成今日拥有数亿资产、数千名员工的大公司。这样一起成长的人，怎么会影响公司的发展呢？"

燕燕一说完，台下就响起了一阵热烈的掌声，就连新上任的总经理，也激动地亲自握住了燕燕的手。

燕燕的回答十分精彩，她明知道对方的用意，但是她偏偏避开对方的为难，不与之正面冲突，只表明自己的忠贞之心，还有老总的精明伟大之处，从而让自己成功地脱离尴尬境地。

身处职场，往往不可避免地面对别人的责难。这时候，不用正面回答问题，**只需朝自己有利的方向，巧妙地避开对方的核心问题，而从另外一面去回答，就可以成功避免冲突扩大。**

避开自己的劣势，强调自己的优势

兰竹在一家国内新上市的保养品公司担任销售人员，这一天，她遇见了一个十分挑剔的顾客。

那位顾客的肤质较为干燥敏感，而且毛孔较粗，于是兰竹就替她介绍了一款纯植物性的护肤产品。可是那位顾客偏偏说道："我一向都只用国外进口、有口碑的化妆品，从来不会购买新进厂商的产品，也不相信纯植物性的功用，那些产品对我来说根本就没用，无法改善我的敏感肌肤！"

燕燕听完连忙点头，她说道："您讲的没错，某些国外进口的保养品，质量确实很好，但是价格却也很昂贵，普通人恐怕无法长期消受。而且，如果您对保养品的了解不深，反而容易花冤枉钱，买到不适合自己的产品。"

那位顾客后来仔细听完兰竹的分析之后，买下了她推荐的保养品，决定回去使用看看。

这样的情况，兰竹并不是第一次遇见。像这样爱挑剔的顾客满山满谷，明明兰竹替她们介绍的，是十分适合她们的保养品，可是她们却不领情，执意说道："我不适合这款产品，另外一种比较适合我！"这样的顾客总挑战着兰竹的智慧。这个时候，兰竹会专注在客户本身的肌肤状况，提供相应的建议，取得顾客的信任。

在商场中，商家往往懂得强调自身的优势，避开自己的劣势。如果一项商品有缺点，那么商家在做宣传的时候，一定不会从缺点的部分下手，而是会强调产品的优良性，以此来分散顾客的注意力。又例如一个人在买衣服的时候挑三拣四，那么聪明的商家在这个时候，往往都不会和顾客辩解，因为顾客这样讲的目的，无非就是为了让衣服更便宜一点。如果这个时候商家说："没错，这件衣服的确存在着这样的问题，您若不喜欢的话还可以看看其他的。"那么这个时候，顾客就没有话可说了。

话题七十二变，聪明保护商业机密

津津是商场的采购经理，这天，她正在与一名客户谈生意。这位客户个性刁钻古怪，很喜欢刁难人。忽然，对方问了她一个问题："你们商场里的商品，都是在哪里进货的呢？"

这个问题很有挑战性，如果她正面回答的话，势必会泄露公司的商业机密；如果不说，又会让对方产生不信任的感觉，这样很不利于双方的合作。

怎么办呢？她在心里暗暗地着急。这时，正好秘书送来茶水。

于是她说道："李总，我听说您很喜欢茶道对吗？"

"是的，难道您对茶道也感兴趣？"

"是的，我也很喜欢。我的办公室里放着各式各样的茶叶，绿茶、上品铁观音、普洱茶……其中我最爱喝的是普洱茶，因为我不喜欢油腻的东西。很抱歉李总，我的秘书知道我爱喝普洱茶，所以习惯准备普洱茶。您喝喝看，假如不合您口味的话，我可以请她泡一壶朋友送来的铁观音，听说是极品呢！"

"好的，铁观音正好是我的最爱。没想到您也是爱茶人，这下子，我可真遇见知音了！"李总说道。

李总话音刚落，津津清脆的声音飘过办公室："小丽，替李总准备一壶极品铁观音！"

在与人谈判时，往往容易涉及很多商业机密，假如被对方不小心问到，正面回答肯定要泄露秘密，可是不回答的话，又会让对方产生不快，这时就考验你的口才了。当遇见这种状况，巧妙地转移话题，就是最好的解决办法。你可以谈一些对方感兴趣的话题，这样一来，对方就会暂时分散注意力。

值得注意的是，**在转移话题的时候，一定要借助当时的形势和情况，做到滴水不漏，不能让对方感觉到你是在故意岔开话题。**另外，在岔话题的时候，最好是谈论对方感兴趣的话题，这样他才会有与你继续谈下去的欲望。谈话的时间愈长，他对自己所提问题遗忘的机会就愈大，也更能达到你的目的。

|会说话的女人最迷人| COMMUNICATION SKILLS MAKE WOMEN CHARMING

● 最关键的时候，一句话可以让人保命脱身、转危为安；一句话也可以使一个人身陷囹圄，招来不必要的麻烦。

● 避重就轻，可以在职场之中作为保护自己的手段。巧妙地运用避重就轻于生活当中，适时避开尴尬。

● 在商场中，商家往往懂得强调自身的优势，避开自己的劣势，取得客户的信任。

18 面子不能当饭吃，偶尔送给别人又何妨

现代社会，要凭借着一个人的力量获得成功，是不可能的。懂得与他人合作，才有成功的机会。而在与他人合作的过程中，难免会遇见矛盾和冲突，此时很多人容易情绪失控，而和对方产生言语冲突。如此一来，不仅不利于事情的解决，反而还会造成双方矛盾的恶化。

现实生活中，一个人的力量是很有限的，两个人的智慧加在一起，可以解决更多困难。然而在与人合作的过程中，矛盾和冲突是在所难免的。亲人之间都可能产生不愉快，更何况是两个合作者。在职场当中，我们要追求的是和气生财。当矛盾与冲突出现在面前，只有双方本着和气的心态，才能把事情解决好。

终止无意义的争吵，创造漂亮业绩才是关键

琦琦和小冉的公司正在合作研发一种女性化妆品。她们两个人是双方公司产品研发部门的中流砥柱，这次产品的研发由她们两个人共同负责。

　　刚开始的时候，两个人相处得非常愉快，常在一起搜集产品信息、分析数据、不停地做实验。可是，有一天她们两个人却因为一件事情争吵起来了。

　　琦琦认为，女性对于香味有一种特殊的依赖，如果在她们研发的产品中加入香料的话，更能增加产品的吸引力。而小冉却不这样认为，她觉得好的化妆品不是靠味道来吸引人的，而是仰赖效果来提升品质。更何况，香料容易引起皮肤过敏，如果没有加以实验就在产品中加入香料的话，对于消费者来说极不负责任。因此，她反对在产品中加入香料。

　　就这样，两个人为这件事情闹得不欢而散。

　　第二天两人见面，谁也没有先开口说话，各自埋头做自己的事情。临近下班的时候，琦琦的老板打电话询问她的工作进展，琦琦当着小冉的面说道："我和对方公司意见不合。"

　　小冉一听顿时火冒三丈："你说这话是什么意思，是说我们公司不肯和你们合作吗？"

　　"我没有那样说，我只是说我们现在意见有分歧……"

　　就这样，双方你一言我一语地吵了起来。

　　职场中意见分歧是在所难免的，但我们既不能回避，也不能忽视。那么要如何解决呢？

　　身处职场，时间就是金钱。因此，在发生意见分歧时，聪明的人总是能冷静下来寻找解决的办法。寻找出双方都可以接受的平衡点，而不要浪费时间做那些无谓的争吵。只有愚蠢的人，才会面红耳赤地与人争吵下去，这样不但不利于事情的解决，还会让事情变得更糟。

很多人总是喜欢在毫无意义的事情上争吵个没完，双方谁也不让，这样做有什么好处呢？不但浪费了时间，还伤了双方的和气。在意见分歧面前，能够忍耐并且解决问题的人，才算真正展现出风度与气度。先低头的人绝非软弱，而是大智若愚，合力缴出亮眼成绩单最重要。

💋 言语退一步，合作进一步

小言是个很聪明的女孩，但是为人有点强势。这天，小言的经理安排她跟小和一起合作一个设计项目，小言愉快地答应了。经理这样安排是有原因的，因为小言冲动，小和稳重，两个人在一起合作可以减少冲突。

两个人很快地就投入到工作当中，进行得很顺利。但是，在接下来的文案规划中，两个人发生了冲突。当小和把自己的文案拿给小言看时，小言看完随即往桌子上一丢说道："什么啊，这些想法一点新意都没有。"然后她又接着说道："你还是看看我的文案吧，绝对让你跌破眼镜！"

几天后，小和拿到小言的文案，仔细地看了一遍。小和在心里默默地说道："果然是个刁钻古怪的女孩，思路确实很特别，唯一的缺点就是太过招摇和新潮，与公司一贯的设计风格出入太大！"

可是小和并没有明说，"你的想法是很不错，不过，如果能把我

们的意见融合在一起，那这个文案就更完美了，你觉得呢？"小和
微笑着询问小言。

小言听完之后，又把小和的文案看了一遍，她在心里默默地想
着："是啊，小和的想法也很不错，简单大方，一语中的。"可是，
因为小和的文案和自己的风格太不同了，于是她便坚持着说道："我
们两个人的设计风格太不相同了，很难融合在一起。我还是觉得我
的比较合适！"

小和看着小言傲慢的姿态，开始感到生气，随后还是忍了下来。
她继续说道："正是因为很难融合在一起，所以我们才更要多花点时
间讨论啊！"

小言被小和的真诚所感动：若换做是别人，早就生气了吧！于
是，她静下心来，与小和仔细商量琢磨。最终，两个人的意见达到
了统一，设计出耳目一新的方案。

当两个人在合作当中，如果其中一个人态度高傲，气焰嚣张，
那么对方一定无法忍受。这个时候，如果两个人之中可以有一个人
先冷静下来，用微笑和善意的态度和对方进行商量，那么双方的合
作成果将指日可待。

任何事情都具有双面性，有些事情虽然看似对自己不利，其实
并不然。试着寻找更合适的办法，改变心态与说话的方式，事情就
会截然不同。工作当中难免遇见矛盾和分歧，虽然令人不快，但是
只要耐心解决，就能产生更美好的合作。

顾及他人面子，保全自身里子

晔晔的公司正在和另一家公司进行合作，协同生产一批鞋。

晔晔的公司派去了十余名技术人员，以及二十名生产工人。可是，最近在那里工作的员工反应对方的老总太抠门儿，提供的午餐质量很差，他们在那里经常吃不饱。

晔晔知道这个情况之后，立刻赶过去了解情况。等到她见到对方的老总时，对方的态度非常傲慢，这让晔晔很是恼火。若不是这项生产任务比较急，晔晔早就当面撕毁合约了。

不过，晔晔是个很聪明的女人，她极力压制了自己的脾气，笑着说道："王总啊，我着急着赶来，走得太仓促，也没带什么礼物来给您。这样吧，我讲个笑话，逗大家笑一笑。"说完，晔晔讲起了笑话："有一个老板很抠门儿，他经常克扣员工的薪资。有一天，公司里一位高层看不下去了，就找了老总说：'老总啊，我们的员工最近都不来上班了，因为他们快要没钱坐车了。'这个老总一听高兴得很，说道：'那他们可以走路来上班啊，正好省了坐车的钱，还顺便锻炼身体，一举数得！'那位高层继续说道：'是啊，我也是这么想的。可是，关键是现在他们走路走得太多，磨破了袜子和鞋子，没钱再买了！'这时，老板才意识到自己的抠门儿，于是就把钱还给员工了。王总，您说，我们做老板的，是不是要做一个懂得为员工着想的老板呢？"

晔晔说完后，王总的脸上立刻一阵红一阵白，心想，自己确实有疏忽的地方！从此之后员工的伙食改善很多。

在与人合作的过程中，没有绝对的输与赢。当矛盾和冲突摆在眼前，没有绝对的失败者与成功者。商场中，也没有绝对的朋友或者敌人。因此，**在与人来往中，我们一定要顾及他人的面子，不要为了一时逞快，而误了长远的合作。**

语言是思想的外在显现，当矛盾和冲突发生，最能看出一个人的涵养与素质。有很多人在冲突产生时，都不知道该怎么表达自己的想法，尤其是在愤怒的情况之下。记得说话要顾及他人面子，其实这也正是替自己留条退路。

| 会说话的女人最迷人 | COMMUNICATION SKILLS MAKE WOMEN CHARMING

- 言语冲突不仅不利于事情的解决，反而还会造成双方矛盾的恶化。

- 试着寻找更合适的办法，改变心态与说话的方式，事情就会截然不同。

- 语言是思想的外在显现，当矛盾和冲突发生，最能看出一个人的涵养与素质。在冲突产生时，顾及他人面子，其实这也正是替自己留条退路。

19 说不出华丽词藻，就用真心感动人

作家列夫·托尔斯泰说过一句话："真正的艺术永远都是十分朴素的，几乎可以用手摸到。"其实，与人说话也是一样。真正的好话，向来都是最质朴、最简单的。文绉绉的语言，既不亲切又晦涩难懂，在职场中反倒会成为沟通的阻碍，别再当不真诚的"假面超人"！

愈是质朴的语言，愈能留给人深刻的印象。古往今来的大家、发人深省的话语，通常都是通俗、明白的。它们没有用尽雕琢、没有粉饰太平，但是却字字真实，句句温暖人心。

"一语天然万古新，豪华落尽见真淳"、"渊明之诗，质而自然"。真实而质朴的话，永远都是受人们欢迎的。艺术大师把朴素简洁作为美的最高境界：清水出芙蓉，天然去雕饰。在生活当中，不管是说话还是做人，最受人们欢迎的，往往还是真实朴素的表现。

🦷 单纯直接，更能深入人心

梅芳是一家公司的老板，她没有太高的学历，也没有美丽的容

113

貌。她没有上过大学，在她手下有很多年轻貌美又才华横溢的年轻女孩，这些女孩都很尊敬梅芳。

员工们都说，在我们老板手下做事很舒畅。她善良但不愚昧，和蔼却不失威严，虽然身为老板，但却不咄咄逼人。从她嘴里听到的永远都是最真实、最质朴的话语，虽然没有华丽的辞藻，但是却句句发人深省。

作为一间拥有着数百名员工的公司，管理起来是有一定难度的。但是梅芳最常说的一句话就是："我能做老板全靠你们，如果没有了你们，我就不是老板了。因此公司里最大的不是我，而是你们。你们有什么难处，一定要跟我说，我是为你们办事的，不是你们为我办事的。"梅芳这样说的，也是这样做的。

公司设立已有十余年的时间，开了大大小小无数次的会议。每次都会发言的梅芳，从来都不用下属帮忙拟开会讲稿。她的每一篇讲稿，都是自己亲力亲为写下的，上面从来没有一句漂亮华丽的话，但每一句都是梅芳心里最深的感触。梅芳自己也说："我没有上过大学，不会说好听的话，但是我所说的每一句话，都是我真正想说的。"

公司员工都这样形容梅芳："她是一颗未经雕琢的钻石，质朴却不失美丽，闪闪发光。"

一个人是否拥有质朴的魅力，看看他的说话、做人或作品就知道了。在我们生命当中有这样一群人，例如：刘若英、林青霞、蔡康永……虽然他们不是专业的文学家，但是他们所写的文章，却深受读者的喜爱。原因就是因为他们的文笔质朴感人，文章清晰明白。

质朴的人，从来都不会讲漂亮的话，但不管是说话还是办事，他们都会踏踏实实、本本分分地，不哗众取宠。

对于身处职场中的人来说，他们见惯了钩心斗角、尔虞我诈，一个质朴的人，反而更容易被他们所信任。和这样的人做生意往往最可靠，不必担心对方会对你耍心眼。他们所说的话，更有力量、更深入人心。

过度包装的话，好听不受用

"靠山山倒，靠人人老。靠来靠去，你就发现最后靠的只有你自己了。"

"自己倒了，谁也扶不起你。"

"爱越分越多，爱是个银行，不怕花钱，就怕存钱。"

"天天有太阳的日子也不好过，不信你试试。"

"当所有人都开镀金的跑车，只有你用双脚走路的时候，你会捡到一颗小小的宝石，因为你和他们不一样。"

"用心看着人，用心和人说话。别觉得自己比人家高，也别怕自己比人家矮。"

"有好事想着别人，别人就老想着你。你有好事不想着别人，只顾着自己，到最后你就剩自己一个人了。"

这些文字出自著名主持人、演员倪萍的《姥姥语录》。她并不是专业的作家，但是这本书却深受读者欢迎。很多读者反映，他们

是流着泪读完这本书的。其书主要是写姥姥与外孙女之间爱的故事，文字清澈质朴、真挚感人，让人为之动容。该书自出版以来，其销量一直居高不下，深受读者和出版商的喜爱。

质朴的本质是纯朴、自然，在艺术领域内，真正的艺术大家往往把朴素作为美的不可或缺条件。列夫·托尔斯泰曾提到朴素是他一生追求的梦寐以求的质量。如果说真正美丽的人是不乱穿衣服、不乱施朱粉的话，那么真正的语言从来都是纯朴自然、发自内心的。**朴实无华的语言，是一个人内心真实的流露，是他最好的情感反映，这样的语言表面上看起来波澜不惊，实际上却有着巨大的感染力。**因此，《姥姥语录》才能在琳琅满目的图书中脱颖而出。

而现今社会，人人都重视包装，纯朴和自然越来越被人们所遗忘。但是，一个聪明的商人会知道，话术愈是纯朴，愈容易被人们所相信，愈自然，愈能受人们欢迎，因为它能直达人性的本质。

质朴的语言最闪闪动人

梦倩是一家广告公司的老板。最近，她们正在筹划一个广告，准备参加电视台举办的广告企业大赛。如果成功的话，梦倩她们公司不仅可以赢得高额的奖金，还可以提高她们在业界内的知名度。因此，梦倩对于这次大赛十分重视，她召集了公司里的设计师开会，要求他们无论如何，都要拿出一个自己精心设计的广告。

眼看设计师们交作品的时间就要到了。那些设计作品有的夸张，有的激情，虽然有不少好的作品，但梦倩还是不满意。梦倩感到很恼火，那些作品虽然华丽，但却没有深层意义，这样的作品怎么可以拿来参赛呢？突然，梦倩看到一个作品，是公司里一位新来的年轻设计师做的。这是一个房地产广告，大意是一个女孩在很小的时候母亲就去世了，女孩的父亲一手把她带大。为了给女孩一个安全舒适的家和高质量的生活，女孩的父亲拼搏了一辈子，最后终于为女孩寻觅到一座位于半山腰的别墅。广告是从女孩的婚礼开始的，整体的设计采用倒叙的形式，最让梦倩感动的是，这则广告的广告语，从头到尾都是平实的叙述，质朴却充满感情。

梦倩被这则广告深深吸引，她当下决定，就拿这个作品去参赛，而且梦倩十分有把握，这则广告可以获奖。事实证明，梦倩的眼光是独到的，这则广告在当时参赛的几百个作品中脱颖而出，而梦倩她们公司也顺利地拿到了比赛的第一名。

无论是文学还是生活中的其他方面，一个好的作品，要想打动人心，就必须流露出真实的情感，而质朴就是情感的最佳表达方式。最能打动人心的话语，通常也是最质朴、真实的话语。这是因为愈是质朴的话语，愈是一个人内心真实的反映。

有人会说，质朴感觉俗不可耐，难登大雅之堂。其实并非如此，所谓的高深莫测、晦涩难懂，反而令人望之却步。真正受人欢迎的，还是那些真实、接近自然感情的东西！

| 会说话的女人最迷人 | COMMUNICATION SKILLS MAKE WOMEN CHARMING

- 越是质朴的话语，越容易被人们记住；越是质朴的感情，越容易打动人心。

- 现实生活中人人都讨厌虚伪，只有真实质朴的事物才会被人们所欣赏。

- 要想打动人心，就必须流露出真实的感情。而质朴就是感情的最佳表达方式。

朴实无华的语言，
是一个女人内心真实感受的流露，
是最好的情感表达。

20 不要就**勇敢拒绝**，女人可不是好欺负的

生活当中，需要我们拒绝的东西很多，例如不合理的要求、对自己不利的事情等等。但是拒绝别人是一门艺术，盛怒之下的拒绝，容易在言语和姿态上得罪别人，若以高傲的姿态拒绝别人，只会让别人觉得你不可一世。拒绝他人，却不得罪人，可以让你在职场中无往不利。

艺术大师卓别林说过："学会说不吧，你的生活将会更精彩！"人生总摆脱不了受人之托，所以"学会说不"是一项必须的本领。

生活如此，职场中也是一样。身处职场，当与人谈判时，难免会遇到一些不合理的要求，或者是有损自己利益，甚至违背自己原则的事情。这个时候，如果直接拒绝，难免过于唐突。职场中人脉即钱脉，如果因为一时的拒绝而损失了自己莫大的利益，这个结果往往是得不偿失的。因此，一定要学会拒绝的技巧。

💋 说"不"之前，倾听对方的困难

临近年底，小葳所在的公司正在进行员工考核，考核根据员工平时的表现做判断。因此，这段时间大家都在认真地加班，以为自己加分，在年底评分时拿到那一笔价值不菲的奖金。

这一天，小葳正在专心处理手里的一项业务。这时，坐在小葳对面的小汶伸过头来说道："葳姐，我最近工作上遇到了一些麻烦事，我想了很久，也没有解决的办法，你能帮我处理一下吗？"

"是吗，需要我帮你做什么呢，说来听听？"

等到小汶初步透露之后，小葳没有立刻答应，也没有立刻拒绝。她觉得很为难。原来，小汶的某个项目一直忘记结案，希望小葳帮忙向经理求情，以免影响到年底考核。如果直接拒绝，肯定会让小汶很没面子。两个人在一起工作已经有好几年了，是工作上的好伙伴，公司里有好多项目都是她和小汶一起合作的，如果因为这件事情，影响了两个人的关系，小葳觉得很不值得。可是，如果答应了小汶的要求，若是影响到自己的考核，那也不是自己乐意看见的。可是，到底该怎样拒绝小汶呢？这时，只听见小葳说道："亲爱的，你可以再把你遇见的问题，仔仔细细地跟我说清楚吗？"

于是小汶把前因后果都给说了一遍。小葳听完，温和地说道："亲爱的，我想这件事情，还是由你自己来解决吧！除了诚恳地向经理认错，我也没有更好的建议。我所能做的，就是再和你讨论看看，有没有更好的解决办法。"小汶虽然失望，但也谢了小葳的倾听。

当在工作当中，同事提出不合理的要求时，如果直接拒绝，往往会让同事很没有面子，甚至因此记恨在心。这个时候，最好的办法就是先倾听，再说不。倾听会让对方感受到尊重，同时在倾听的

过程中，你也会从对方的话里获取更多的信息，知道她面临的处境，还有遇到的困难，因此，**即使你不愿意亲自动手去帮忙他，也可以提出适当的建议。**

💋 分析利害关系，拒绝客户拖延进度

文丽代表公司洽谈一项业务，几天的谈判非常激烈，不过所有的一切进行得还算顺利。这一天，双方的谈判还在照常进行，如果进行顺利的话，就可以顺利签下合约，这样这场激烈的商务谈判就可以结束了。谁知道，临近谈判的尾声，对方公司提出了一个要求。文丽仔细思考过后，认为对方提出的条件虽然表面上看起来合情合理，但事实上却非如此。如果答应了对方的条件，那么文丽她们公司不仅会多出一倍的投资金额，甚至还有可能会因此影响到公司的整个运作。但是，如果断然拒绝他们的要求，很有可能会失去这次合作的机会。

文丽仔细想了想说道："林总，您刚才说的话有一定的道理，但是我认为在实际操作中可能会遇到一定的困难。"然后文丽向林总分析利弊得失，不露声色地维护了公司的利益。

对方在听完了文丽中肯又完整的分析之后，微笑地握住了她的手说："我了解了，这个部分有争议的话，其他部分就先开始进行合作吧！"

在商务谈判中，形势是很难预测的。有时候，常常会在谈判当中遇到一些让人尴尬或者很难处理的事情，这时候，就考验谈判者

是否具备灵活的语言应变能力，能否巧妙地回答问题。这时候，在谈判中学会拒绝就尤其重要了。拒绝得好，可能为公司挣得一笔高额利润；拒绝不好，就失去了一次合作的机会。因此，**在商务谈判中，尽量分析利与害，才更容易被对方所接受。**

聪明的谈判高手，往往会努力地把自己的意见，伪装成对方的见解。他们会先询问对手怎样解决问题，如果对方说出的意见和他们的想法一样，那么他们也会不露声色地让对方相信，这就是他自己的观点。这样充分给了对手被信任的感觉。如果对方反对，也等同是在反对自己的方案。如此一来，就比较容易达成意见的一致，从而取得谈判的成功。

👄 反驳对方，不一定要唇枪舌剑

小云是一家汽车销售公司的业务员。虽然她是女孩，却有着一副绝佳的口才。同时，她对各种汽车的性能和特点也了如指掌。奇怪的是，这些对于她的汽车销售来说，本该是如虎添翼的，可是她的销售业绩却一直平淡无奇。原来，这是因为小云喜欢争辩，习惯拒绝客户的要求，因此容易惹恼顾客。

例如，当顾客过于挑剔，或者狂要赠品时，她会和顾客进行一场唇枪舌剑的争论，而且最后常常令顾客哑口无言。事后小云总是非常得意，常常向同事炫耀："那个人真笨，什么都不懂还假装什么都懂，我最讨厌的就是这样的人。"这天小云又得理不饶人，和一位

前来买车的顾客起了冲突，结果把那位顾客说得哑口无言。不巧的是，这位顾客和小云的老板是好朋友，随后就把这件事情告诉了小云的老板。

小云的老板知道之后很生气，狠狠地批评了她一顿，然后告诉她："和顾客争论胜利，你很得意吧？但是，在争论中你愈胜利，在工作中你就愈失利。要做好销售，就要懂得退后一步！"

老板说完后，小云低下了头。从此以后，她开始学会了谦虚。

有一次，一位顾客来买轿车，小云向他推荐奔驰轿车。可是，这位顾客傲慢地说道："什么奔驰轿车，我喜欢的可是丰田！奔驰就算你送我都不要。"这时候只听见小云慢慢地说道："您说得对极了，丰田轿车的性能和稳定性也很不错，款式也都非常棒。看来您对车子很有研究，哪天有兴趣的话，我们再一起讨论奔驰的好处吧！"

那位顾客听完说道："其实奔驰轿车也不错，或者你向我推荐几款车，我来考虑看看！"

现实生活中，很多人都讨厌傲慢又自以为是的人。其实，真正的人才是不露声色的。就像小云，之前和顾客争强好胜，不仅卖不出半台车，还遭到老板的批评。后来她学会退后一步，反而吸引了顾客的注意。

喜欢争强好胜并不是坏事，它可以提供一个人前进的动力。但是过于争强好胜就不好了，一来会让人觉得你不好接近，另外身上的锋芒过于锐利，反而会划伤自己。因此，**做人要学会后退一步，看似让步，实则以退为进。**

｜会说话的女人最迷人｜ COMMUNICATION SKILLS
MAKE WOMEN CHARMING

- 拒绝他人时，一定要考虑清楚，你的拒绝会不会给对方造成伤害，会不会对自己造成损失，想清楚之后再开口。

- 拒绝别人时，最好讲出你拒绝的理由，让他明白你的难处，取得对方的谅解。

- 如果对方提出的要求不合理、伤及你的尊严、违背正常的人伦道德，抑或是违背你的做人原则，那么，就要毫不犹豫地拒绝。

Chapter 3

爱情课题堂堂满分
的说话术

每个人都喜欢另一半在自己的耳边说些甜言蜜语，懂得说话的女人，也会适时地将自己的心意，清楚地说出来，送给最心爱的他，带给他欢喜，博得他的宠爱。做一个会说情话的小女人，温暖他的心田，修炼爱情学分，直达一百分。

21 吃醋就要说出来，让爱更添美味

爱情是这世界上最美妙的东西，在爱情里有一种最奇妙的情绪，那就是为了所爱的人吃醋。因为爱一个人，所以才会吃醋。为了他和漂亮女生说话而吃醋，为了他多看其他女生一眼而吃醋。吃醋为爱情增加调味剂，但可别闷在心里，将醋意说出来，才能让他感受到你的爱。

当你看到亲爱的他对别的女人温柔呵护，会不会从内心升腾起一股酸溜溜的感觉？

同样地，当他看到你对其他男人笑靥如花，是不是也会皱起眉头，沉着脸把你从别的男人身边拉回？

这就是在爱情里吃醋的感觉。酸溜溜的，有点委屈，有点心痛。但是当对方温柔地揽住你，在你耳边轻轻地说出甜蜜的话，或者在你脸颊印下一个亲吻时，你又会觉得一切不满的情绪，仿佛就这么烟消云散了。

聪明的女人懂得吃醋，能把握住刚刚好的醋劲，不让这醋味太重而令人难受，也不会让醋味太小，谁都无法察觉。吃醋的女人最可爱，会让男人对她打从骨子里心疼呵护。吃醋就要说出来，才不会自己都内伤了，另一半却完全没感觉！

偶尔打电话催催另一半回家

小双的老公会当着她的面夸赞街上的美女："那女孩身材真好！"起初，小双心里还酸溜溜的，后来一想，男人嘛，哪有不喜欢看美女的，也就释然了。偶尔她还会和老公一起对街上的美女评头论足。

最近，老公变得不正常了。以前老公和哥们儿出去吃饭总是都告诉自己："我和哥儿们出去玩，晚点回来。"现在却告诉自己："我和同事在一起呢，不确定什么时候可以到家。"以前接电话从来不避讳自己的大音量，现在则是一有电话就装模作样地看自己两眼，然后用手捂住话筒接电话。小双被老公的异常行为搞得莫名其妙，但是如果说老公背叛了自己，有了外遇，也不会笨到这么明显地表现出来吧！

小双终于找老公问了个清楚，才明白怎么回事。原来，老公认为他在夸别的女生漂亮时，自己总是无动于衷，老公觉得小双不在乎他，产生了距离。小双这才明白，凡事大度、不胡乱吃醋是好的，但若是完全不吃醋，老公肯定会意兴阑珊。于是，小双开始将自己的关心与醋意说出来。老公晚回来，她会偶尔打电话关切一下；当老公夸别的女人漂亮，她会娇嗔回答："难道有比我美吗？"渐渐地，老公的行为恢复正常，小两口之间也更有情趣。

在爱情里，吃醋是一种很可爱的示爱方式。对方能感受到你的关注，感受到你害羞内敛的爱，感受到你害怕失去他的小心思。吃醋是女人的天性，掌握好吃醋的尺度，便能替自己的感情加入适量

的调味料，生活就会变得更加有滋味。

　　吃醋的巧妙之处，就在于那一点猜疑带来的生活情趣。聪明的女人，懂得将这点醋劲表达得清清楚楚，不偏不倚地击中男人的胸膛，让他觉得甜蜜而不反感。

💋 说话别带刺，小心变身仙人掌

　　茜茜和志强结婚以后，发现志强的社交活动很广泛，他经常使用的论坛偶尔会举办一些活动，志强只要有时间就会去参加。每次志强向她报备的时候，她都会故作大方地说"这没什么，你就去吧"，其实心里可不是滋味了。到最后，甚至一个下午接连打好几通电话，问他什么时候回家。面对网友们"妻管严"的调笑，志强无可奈何。

　　志强的工作常会接触到一些成功的单身女性。有一段时间，为了争取一个订单，志强经常需要和一位事业有成的美丽女性外出。这让茜茜内心的不满达到了顶点，在志强第二次约对方谈生意的时候，茜茜话中有话地说道："什么生意非得晚上谈，白天不能谈吗？你们男人啊，都是下半身思考的动物！"

　　志强赶紧过来哄她，说对方刚出差回来，刚好只有晚上时间有空，所以自己想抓紧时间争取一下机会。茜茜酸溜溜地说："算了，你还是去吧！"但是，打从志强离开家门，手机就没有停止响过。无奈之下他只得关机了，总不能在和客户谈话的时候，还要兼顾手机吧！

结果这又让茜茜抓住了把柄，晚上回来以后，茜茜吵着说老公做了对不起自己的事情，不然干吗关机。志强怎么解释她也不听，两个人就这么闹到大半夜。

茜茜属于乱吃飞醋的类型。其实老公并没有做对不起她的事情，只是她太不相信老公，结果造成吃醋吃过头，这才引起了两人的争吵。其实，爱情的甜蜜之处，正在于恋人对情敌的防备，必要时甚至要主动出击，先发制人。但是，**理性、适度地吃醋才能让对方因为你而感动，并更加心疼你**。否则，像茜茜这样毫无缘由、不分轻重地乱吃醋，口不择言、话中带刺，最终必然会引起两人反目成仇。

懂得说话的聪明女性，自然能够将吃醋吃得恰到好处。所谓理性、适当的吃醋，就是要明白，自己是要透过吃醋的方式，达到让老公感受到自己的爱为目的，而不是要引起家庭战争。过度的吃醋就成了嫉妒，会给感情生活带来不定时炸弹，就连你自己也会像一株仙人掌一样，三不五时地说出刺耳的话语，影响双方的感情。

故弄玄虚，对方吃醋才是爱你

雅惠自从和老公结婚以后，一直过着甜蜜蜜的两人生活。因为雅惠比老公小了好几岁，所以并没有急着生小孩，而是尽情享受着二人世界。雅惠喜欢上网，但她很少跟网友聊天，只是经常到论坛浏览一些搞笑的留言，看到好笑的地方，常常忍不住自己哈哈大笑起来。这时老公就会酸溜溜地来一句："什么事情这么好笑？"然后自己躲到书房里去看书。尽管雅惠告诉过他，自己没有和男网友聊天，只是去论坛看看留言，但是老公还是很在意。所以，雅惠都会体谅他的情绪，当老公想和自己说话的时候，她就会离开电脑。

但是，有时候老公惹她生气了，或者老公生她的气、不理她了，她就会打开电脑，故意哈哈大笑，假装自己在网络上聊得很开心的样子。然后她就会发现老公在一边焦躁起来，不停地想要偷看她的屏幕，看看她到底在干吗。往往用不了多久，老公就会凑过来，依然用酸溜溜的语气说，有什么好笑的，什么事比跟我在一起更开心，然后两个人就会和好如初。

吃醋其实并不是女人的专利，有时候男人吃起醋来更可爱。不少人说，女人比较小心眼，所以才会老吃醋。其实不然，女人只是藏不住心思，遇到心爱的他和别的女性亲近，自然地会表现出不满。而男人大多数习惯深藏心事，其实看到心爱的她和别的男人走得近，心里也会酸溜溜的。无论男女，只要遇到感情，总会变得斤斤计较，对对方的一些小事感到很在意。

在适当的时机，不妨做出一些小举动，让他为自己吃一点醋，并且表达出来。会为了你而吃醋的男人，才是真正爱你的男人。否则他对你的一切都无动于衷，你和别的男生逛街、对别的男生比对他的态度还要好，他都不在乎，那么只能说明——他不喜欢你。让对方吃点醋，亲口说出对你的关心，更能证明彼此的感情。让他感觉到自己离不开你，两个人的感情才会更加稳定。

|会说话的女人最迷人| COMMUNICATION SKILLS MAKE WOMEN CHARMING

- 爱一个人，才会因为他吃醋。恰到好处地表示醋意，才能为自己的感情增加一份美味的调料剂。

- 懂得吃醋，但不要乱吃醋。别让醋意变身多刺仙人掌，语出猜忌和不信任，而将双方的感情毁于一旦。

- 在爱情里，双方都有权吃醋。从不吃对方醋的人，只怕不是真的在意对方。在适当的时候，表达自己的醋意吧！

22 你一言他一语，
常斗嘴让爱情保鲜

想必大家都玩过碰碰车，在妙趣横生的碰撞中，大家欢笑连连。而恋人们也经常进行一些很有意思的语言游戏，就像碰碰车一样，双方你来我往，你一言我一语，但是谁都不会动气，也不影响彼此的感情。斗嘴不是吵架，而是保持爱情活跃度的迷人招式。

　　斗嘴是一种迷人的语言游戏，有时候还能消除恋人之间的摩擦，是一种特别又有效的感情交流。恋人之间的斗嘴，往往甜蜜而温馨，绝对没有伤害对方的可能。

　　想想，两个人在一起，你奚落我、我挖苦你，用轻松愉悦的态度相互抬杠，看似在吵嘴，其实却是最柔和的爱意表现，比起直抒胸臆的表达都要来得深刻。在感情的保护伞下，斗嘴只有刺激和愉悦，却不会带来任何危险，让两人之间甜蜜蜜。

　　在恋爱当中，如果能够学会恰到好处地和对方斗嘴，就能加深两个人的感情，增进彼此的了解，同时也替两个人的感情生活，添加鲜亮的色彩。

别让斗嘴演变为斗争

小颜和孝宏这对恋人，已经携手走过三个年头，两个人在一起默契十足，相互之间很能体谅对方。可是，最近这对甜蜜的小情侣却闹出了问题。

原来，这天两个人去看电影，片里的男主角很有英雄主义情结，电影散场以后，两个人还在热烈讨论着片子里的女主角是不是有崇拜英雄主义的倾向。听到这里，孝宏下意识地问了一句："你最崇拜的人是谁？"

小颜说道："我最崇拜的人，是我爸爸！"

孝宏有点吃惊："真的？"

小颜点点头："嗯，那些英雄伟人都离我太遥不可及了，而我爸爸是个真正的男子汉。"

"这么说，你爸爸就是你心目中的上帝？"

小颜认真地点点头："可以这么说，你不服气？"

"可是，你这个上帝就只是一个小职员罢了，有什么了不起的！"

"小职员又怎么了，小职员就不能很伟大吗？你就这么看不起我爸爸，看不起我？"

眼看小颜真的生气了，孝宏有点无法理解："怎么了，不就是和你开了句玩笑而已，有必要这么生气吗？"

小颜瞪了他一眼："我算是看透你了，别再跟我说话！"

孝宏感到莫名其妙，认为小颜是在无理取闹，而小颜则生气孝宏不尊重自己的爸爸，两个人因此生了好久的闷气。

恋人之间相互斗嘴，最要避免的就是像孝宏和小颜一样，用这种戏谑的方式来挪揄对方，过于夸张。即便是两个人在斗嘴时，也要照顾到对方的感受，最好不要涉及对方的弱点和短处，例如生理上的缺陷，或者挖苦对方尊敬的长者。如此一来，反倒成了批斗大会。

就像小颜一样，没有人会喜欢听到对方挖苦自己的老爸，斗嘴时可千万不要向对方的偶像进行攻击，也不要挖苦对方引以为傲的事情，否则很有可能引起对方不满，自讨没趣，弄得两人不欢而散。而孝宏就是没有注意到这一点，才会害得两个人从原本的打情骂俏，演变为互生闷气，这就很不值得了。

💋 斗嘴不等于争吵，避免好心被狗咬

彦祖最近忙着工作上的调动。因为他马上要和自己的女朋友诺诺结婚了，所以他想将自己的工作调动到诺诺所在的城市，这样两个人结婚以后，就不用分居两地了。但在这个过程中却遇到了一些困难，让事情的进展不是很顺利，所以一向乐天派的彦祖也变得忧心起来。

再次见到诺诺的时候，彦祖感觉有些闷闷不乐，几乎是苦着一张脸陪诺诺在公园里晃了很久。诺诺感受到低气压，逗他道："你怎么啦，乌云惨雾的样子，谁欠你钱啊？"

彦祖一听这话，心里更郁闷了："你还有心情取笑我，还不是因为你我才会这么一筹莫展。我都快烦死了，你还有心情开玩笑，真

是没心没肺！"

诺诺觉得很委屈："什么叫因为我啊？结婚又不是我一个人的事情，难道你还不想结婚，不想和我在一起吗？"

彦祖本来心情就不好，看到诺诺还在那里斤斤计较，生气说道："你这么任性，我看我还是仔细想想吧！"

诺诺气得留下彦祖，自己坐车回去，不再理会他。这对小情人冷战了将近一个星期，才在彦祖的主动求和下和好。

这又是何必呢？虽然斗嘴可以增添情趣，但是**在斗嘴的时候，也要多少顾虑一下对方的心情**。唯有两个人在一个放松的环境里，在双方心情都比较愉悦的时候，才能真正享受到斗嘴的乐趣。

想必每个人都曾有过以下的体验。当你心情愉快的时候，随便有个人过来和你开玩笑、抬杠，你都会觉得这个人真有意思，说的话真有趣。但是当你心情低沉，郁闷不快的时候，如果有人过来调侃你几句，你肯定会皱起眉头，心想：这个人真是讨厌，有没有长眼睛，没看见我正烦着呢！

恋人之间也是如此，即使是最亲密的人，也应该在斗嘴之前，留意一下对方当下的心情，否则很容易引发争吵。一边觉得自己好心被狗咬，另一边觉得对方不懂事，对两个人的感情百害而无一利。

随时斗斗嘴，让爱情常有新鲜感

志俊是一名警察，工作的缘故，他很少能在家里陪伴老婆和孩子，常常一回到家，就看到老婆郁郁寡欢的样子。为了活跃气氛，逗老婆开心，志俊每次见状都会和她斗斗嘴，缓和一下老婆郁闷的情绪。

因为工作繁重，志俊连续一个月都没有回家，这让老婆特别不开心，哄了好久，老婆都还是凶巴巴的。他无奈地说："宝贝，你就不能像别人的老婆一样温柔体贴吗？"

老婆一听马上回道："你现在才觉得我不够温柔，看不顺眼吗？是谁当初恋爱的时候，总是跟我说，就是喜欢我有个性，难道现在后悔了吗？"

有天晚上，志俊回家的时候，孩子已经睡了。他看见老婆正在替自己热饭，孩子睡得香香的样子，说道："你说这世界也真奇怪，自从盘古开天辟地到现在，女人生出的孩子，都要跟随着男人的姓。"老婆回击道："哪个男人不是我们女人生的？再说谁规定现在的孩子都要跟男人的姓了？亏你还是个警察呢，难道不晓得法律规定可以从母姓吗？"志俊无语，说道："我随便说说，你也随便听听，干吗这么认真！"老婆又说："你才不是随便说说呢，你就是这么想的，骨子里就是个大男子主义！"志俊再一次被老婆打败了："行行行，我就是这么想的！"

我们可以很容易看出来，其实这才是一对真心相爱、彼此在乎的夫妻。他们相互之间的斗嘴，只是调节家庭气氛的一种手段。斗嘴和争吵是完全不同的，争吵往往是两个人关于一个问题无法达成一致，一方为了说服另外一方，而爆发的言辞激辩。**而斗嘴则没有具体的目**

的，并不是为了争出一个结果，或者解决什么问题，仅仅是用单纯的话语来撞击对方的心灵，从而达到一种感情上的交流。

所以，深深相爱的恋人们，常常对于斗嘴乐此不疲，哪怕是一点小事情，也能玩得津津有味，内心深处享受这种相互信任、相互包容的感觉。

每个人都有着自己的性格，在发生摩擦和矛盾的时候，要懂得将这种摩擦转变成爱的火花而不是争吵的熊熊怒火。不妨多多练习斗嘴的技巧，既能斗出乐趣，又可以在争吵之前，成功转换气氛。

｜会说话的女人最迷人｜ COMMUNICATION SKILLS MAKE WOMEN CHARMING

- 斗嘴的时候不要冷嘲热讽，更不要揭对方的伤疤。否则一旦伤害到对方的自尊，就会不可避免地发展成争吵。

- 留意另一半的情绪，当斗嘴即将演变成争吵的时候，一定要紧急刹车。

- 打是情，骂是爱，斗嘴是一种打情骂俏的最佳方式。应用好这个武器，就更能替感情加分。

23 会撒娇的女人，男人更离不开你

撒娇是女人的天性，无论多么坚强能干的女人，总会在自己的爱人面前，露出小鸟依人的一面。会撒娇的女人最有女人味，她们会让男人觉得，自己是她的保护伞。适当的撒娇能够满足男人的虚荣心，做个会撒娇的女人，让自己的爱情升温吧。

撒娇是女人的特权，更是女人收服男人不可或缺的装备之一。

女人的撒娇，能够唤起男人小小的虚荣心，使他们焕发出男人的本色，以使其感受到征服的快感。当女人撒娇，男人总会忍不住地心疼呵护对方，觉得自己是另一半的依靠。

撒娇时的女人是最可爱妩媚的，将女人的风情展现无遗。撒娇让对方仿佛掉进了蜜罐子，有多少男人能够抵挡呢？

撒娇并不难，难的是在举手投足之间，一个举动、一次交谈，自然流露出的女性的小淘气和小依赖，让男人心动不已。

学习做一个会撒娇的女人，无论是在恋爱初始，抑或是步入婚姻以后的日日夜夜，都不要忘记身为女人的温柔和风情。经常对他撒娇，让他感觉到你需要他，两个人的感情才能长久而稳定。

撒撒娇，抚平他的不满

小纤约好了下班以后和老公一起吃晚饭。然而计划赶不上变化，眼看到了约好的时间，小纤因为手上还有一些工作没有落实完成，实在是走不开。她心想：这么遵守时间的老公，面对自己又一次的迟到，一定会很抓狂，说不定还会因此吵起架来！

好不容易忙完了工作，赶到约定地点一看，可不是吗，老公正气呼呼地坐在座位上，一张脸黑得跟包公似的。小纤慢慢地走了过去，坐到座位上，面对着老公，扁着嘴可怜兮兮地说："这双凉鞋好讨厌喔，早不坏，晚不坏，偏偏在我来找你的路上坏了……老公真是对不起，我又迟到了……"

老公还没等小纤说完，就打断她的话，一脸心疼地说道："干吗不让我去接你呢？快让我看看你的脚，有肿起来吗，还痛不痛？"

看着老公弯下身体检查自己的脚踝，小纤调皮地吐了吐舌头。对于在乎自己的人来说，女人的撒娇还真是管用！她满足地想道。

撒娇是女人的杀手锏，一出手就能击中男人的死穴，让对方无法抵抗。一个强势的女人，不一定能够制服得了男人，但是会撒娇的女人，却肯定是男人的"克星"。再强硬的男人，往往也会在女人的嗲声嗲气中手足无措，忘记自己还在生气。女人啊，适时地显现娇弱，软绵绵地说上几句话，在你面前的男人哪怕是为你上刀山、下油锅，也在所不辞了。

但是，喜欢撒娇的女人很多，会撒娇的女人却很少。因为撒娇不是单纯发嗲、任性妄为，不是尖酸刻薄、故弄玄虚，更不是小题大作，有点事情就大惊小怪。因为这样不是撒娇，而是撒野，这样的行为不但得不到男人的心疼和宠爱，还会弄巧成拙，让对方对你敬而远之。有哪个男人会喜欢撒野的女人呢？懂得撒娇的女人，能够掌握好撒娇的火候，散发出浪漫的气息，为自己加分，也替感情升温。

个性别太"直"，给对方台阶下

周末，丫丫和男朋友正在逛街，突然丫丫一个接着一个打起了嗝。只见她不停地打嗝，男朋友慌慌张张地又是递水给她喝，又是拍她的背部，又是要她暂时憋气，但都无济于事，丫丫还是不停地打嗝。

丫丫十分难受，直嚷嚷："该怎么办，难受死了，你一点办法都没有吗！"男朋友这下子更心急如焚，皱着眉头抱怨说："就你整天状况最多，爱给我添麻烦，再烦人你自己逛街，我不陪你了！"

看到男朋友这种态度，丫丫心里生气极了，又不是自己愿意打嗝的，这个人怎么可以这么不体贴、不关心她！刚想骂他，突然发现自己不打嗝了。于是，她笑嘻嘻地挽着男朋友的手臂，说道："哇，你这招还真是管用喔，你看看我都好了！"

男朋友也意识到自己话说得有点重，看到丫丫撒娇的模样，他也就顺了台阶下："那还用说，我就是故意这么说的，幸亏管用，不然你还得继续难受下去！"

一场很有可能发生的争吵，就这样在丫丫的撒娇当中烟消云散。

撒娇带着一些狡黠，也带着一些娇嗔，有讨好对方的意思，也有点挑逗的意味。也许有些女性会心生不满：男人和女人都是平等的，凭什么要我赔笑脸？搞得好像是我屈服在他的怒火之下一样。其实，不管是很深情的恋人，抑或很圆满的夫妻，都需要一定的智慧和技巧，来维护自己的爱情。在适当的时候，向男人撒撒娇，非但不是软弱和服输的表现，反而更能显现出女性的韵味。

就像丫丫一样，如果她当场和男朋友吵起来，很可能两个人会在大街上闹得不开心，这样更损伤了对方的面子，影响两个人的感情。但是，丫丫及时的一句撒娇的话，就给了对方一个台阶下。丫丫的男朋友肯定会在心里觉得愧对于她，自己的态度这么不好，她还这么巧笑倩兮地对待自己，以后想必会更加用心地对待她。

懂得撒娇的女人，就拥有这样的魅力，能让对方一往情深！

不轻易河东狮吼，感情更深厚

下班了，碧碧到菜市场去买菜，看着琳琅满目的蔬菜肉类，她便打电话给老公，问他想吃什么。老公在电话那头想了半天，说不出来。碧碧于是说道："那我就买香菇和胡萝卜好了。"老公一听很不高兴："怎么又是香菇和胡萝卜，天天吃烦不烦啊？"

老公可能正好在忙，所以说话的语气有些冲。碧碧一听火气上来，大声说："那你说你想吃什么啊？"

老公一点耐性也没有，说道："随便吧，我不吃了！"接着就挂了电话。

碧碧火冒三丈，好不容易冷静下来以后，她去买了鸡肉和黄瓜，然后又打电话给老公："老公，我买到另外两种菜了喔，你今天晚上要不要回来吃嘛！"

老公也感觉到妻子有意示好，便说道："老婆好厉害啊，我当然要回家吃啊！"

试想，如果碧碧没有退让撒娇，那么这对夫妻的晚餐会怎样？只怕老公真的不在家里吃晚饭了，两个人还会爆发一场争吵，这对两个人之间的感情将会造成多么大的伤害。

也许，在恋爱里的女性，撒娇是很自然而言就能做到的事情。然而对已经结婚的女性来说，或许已经过了小女生爱幻想的年龄，撒娇就不是那么容易了。人多女性在结婚以后，都在面对柴米油盐的家务事，被生活磨去了小女生的心性。时间久了，难免会让男人觉得索然无味。

要知道，适当的时候跟老公撒一下娇，更能增添两个人的情趣。当老公有一些举动引起你不满的时候，或者两个人无法达成一致意见的时候，难道你非要用大声吼他的方式，来让他屈服于你？当你用委屈的眼神看着他，可怜兮兮地说"老公，这样做行不行嘛"，相信你会触动他心里的柔软，平息他的激动，从而收服他的心。

|会说话的女人最迷人| COMMUNICATION SKILLS MAKE WOMEN CHARMING

- 撒娇是女人天生的本领，在男人面前，女人的撒娇总能令他向你妥协。

- 撒娇要注意火候，不要无止境地胡闹，否则当撒娇变成了撒野，不但得不到男人的宠爱，还会引起对方的反感。

- 撒娇是一种智慧，女人如果能掌握好尺度，就可以为爱情增添不少情趣，和另一半幸福美满。

24 说话带点刺，
让烂桃花通通滚开

  当一位男性深情款款地邀请你时，你是不是会很不好意思拒绝对方？当有人努力不懈地追求你的时候，你是不是会害怕伤害他而无法开口说不？但是，也许你已经有了自己的真爱，又不得不对他做出拒绝。委婉地带点刺，达到拒绝对方的效果，可以让事情有个圆满的结局。

  在大多数情况下，我们必须拒绝一些异性的追求，因为在一段时间以内，我们只能选择一个自己真心喜欢的人。所以，当我们碰巧遇到其他追求者的时候，就需要好好考虑一下，怎样恰当地拒绝他人，而又不会使对方感到难堪。

  当拒绝对方的时候，并不能仅仅用一句冰冷的"NO"就把对方给打发了。适度地考虑一下对方的感受，顾及对方的尊严是很有必要的。当女性在拒绝对方追求的时候，要尽量婉转，但态度要坚决，说话带点刺，对双方都好。不能犹豫彷徨，否则会给对方以可乘之机，也给自己带来伤害。

婉拒不合适对象，以免对方更受伤

舒舒毕业后来到一所高中担任数学老师，她教课教得很好，又风趣幽默，对学生很有耐心，班级里的孩子们都很喜欢她。每当她穿着淡青色连身裙出现在教室门口，班里总会响起开心的笑声。

有一天下课后，她被一名男学生拦住了。他将自己的数学作业本递给她，说道："老师，对不起，我作业忘记交了。"舒舒微笑着朝他点点头，将他的作业本接过来。回到自己的办公室，她稍微休息了一下，开始批改作业。她第一个翻开的就是刚才那个男生的作业本，这时，她看到作业本里夹着一张字条，上面写着："证明题。已知：我爱你。求证：你也爱我。老师，这是一道证明题，但是我不会证明，请您帮我证明好吗？"

舒舒心里左右为难，这道证明题根本不会被证明，因为这是不可能的事情。可是，如果直接拒绝他，又会伤害到这个敏感的孩子，该怎么办呢？

舒舒想了又想，提笔写道："证明：因为爱人者，人恒爱之；敬人者，人恒敬之。因为：你爱我，所以：我也爱你。"

巧妙的证明、委婉的拒绝，既维护了男孩的自尊，又打破了他的幻想。舒舒用幽默的方式，将男孩原来的意思做了曲解，将他字里行间溢满的"爱情之爱"偷换了概念，转换成"博爱之爱"。这是一种温柔的拒绝，是对学生的细心呵护。微微带点刺，却又不伤人。

舒舒既适度地回绝了对方的要求，又保全了对方的面子。当我们在面对长辈、亲朋好友，或者是一些善意的陌生人，无法接受他们的提议，但又不想伤害他们的时候，最好的办法，就是像这样委婉地拒绝他们。也许会有人认为这并不容易，再说并不是人人都拥有这样敏捷的思维能力。但是，我们总会在一次次的伤害和被伤害中学会这些。以诚相待、将心比心，你会知道**很多事情，拒绝总比不拒绝来得好，说话带点刺，却更不伤人。**

💋 突显主要目的，以示安全距离

　　波波在公司主要负责产品的销售策划，所以很多时候，她都和客户维持着直接的接触。有一次，在和一家公司的总经理商谈过后，对方发简讯给她，问她晚上有没有时间陪自己出去吃宵夜。波波心想，订单还没有顺利拿下，贸然拒绝只怕不好，便欣然赴约。

　　见面后，经理有些喜出望外。一路上，又是替波波开车门，又是问波波车里面闷不闷，菜好不好吃，俨然一副有情郎的模样。在饭桌上，波波一直在向经理敬酒，并且向他介绍自己公司的发展过程，还有以后的发展规划，并不停地赞扬这位经理，说对他早有耳闻，认为他是一位有气质、有修养、讲诚信的企业家，人品很好，对待异性风度翩翩，在业界内很受人尊敬。虽然波波隐约中强调对方的人品，以示保持距离，但经理还是颇为受用，内心得意洋洋的，谦虚地说："哪里哪里，你真是过奖了！"

　　饭后，经理送波波回家。临别时，经理礼貌地握了波波的手，说道："很感谢你这位漂亮聪明又自尊自爱的女性，能陪我度过今晚，我会永远记得你。"当然，波波最后顺利拿下了订单。

这样的情况在现实生活里会经常遇到，无论是因为公司利益，还是因为自己要顾全大局，很多时候我们都无法直接拒绝对方的邀请，而必须无奈地和对方斗智斗勇。波波的处理方法就很好，她假装不知道对方的真正意图，并把对方当作自己的长辈、偶像，夸赞对方人品好。人都是有廉耻和荣辱之心的，对方听闻她这些夸赞，在心里便已明白了她的意思。

所以，**对于这些心怀鬼胎，但又不能直白拒绝的人来说，我们不妨突显主要目的，以保持安全距离**。例如，你还可以在客户约你吃饭的时候，同时约自己的上司或者客户的老婆一同出席饭局，这都是一些婉转表达拒绝的姿态。这样的拒绝为对方留足了面子，展现了你成熟和高尚的人格，使对方对你产生敬重之心，对你的印象就会大大提升，往后的合作，再也不用操心！

该拒绝时，别当软柿子

亚楠顶着沉重压力和一个大客户签了订单。这份订单得来不易，客户是个狠角色，几乎把价格压低到不可能的地步。多亏自己毫不放弃，一遍又一遍地用自己的敬业和真诚来打动对方，这才顺利地拿到这位客户的订单。

亚楠的辛苦，都被默默喜欢她的上司永强看在了眼里。在亚楠拿着合约找自己签字的时候，他邀请亚楠共进晚餐，以庆祝她这次的成功。亚楠正欢欣雀跃，想都没想就答应下来。

到了吃饭的时候，亚楠才发现，就只来了他们两个人。本来以为还会有其他同事，这让亚楠觉得有点尴尬，但是事已至此，也没别的办法了。结果，这顿饭让亚楠发现，原来永强是一个非常幽默风趣的人。

有了第一次，永强以后便用各种理由，邀请亚楠出去玩。无论是吃饭、打桌球、看电影，他总有理由约亚楠出去。有时候亚楠并不想去，因为自己有着一个已经论及婚嫁的男朋友。但毕竟永强是自己的上司，她也不好拒绝。

时间久了，公司里开始传起了闲话，大家都在议论纷纷，说亚楠是不是和上司有什么特别的关系。她的男朋友听说了，也对亚楠疑神疑鬼，经常为此和亚楠发生争吵。亚楠觉得自己的工作和生活都受到了很大的影响。

若想在职场中安安稳稳地生存，就应该懂得处理职场中的感情。对于自己不喜欢的人，或者你并不想和他在一起的人，就要懂得巧妙地拒绝。尤其是**暧昧的对方单独请你吃饭等等，如果你不想接受，就找借口推脱开。否则一次次地接受，只会令你更加被动。**最后闹得沸沸扬扬，不仅影响自己的名誉，对自己的前途发展，更是有百害而无一利。

尤其是聪明敬业又出色的女性，更容易得到男上司的赏识。但是对于男上司的追求，如果你不喜欢，那么拒绝的态度就要明确一点。不要像亚楠一样，犹犹豫豫，最后搞砸了自己的感情，也让自己陷入八卦漩涡当中。

|会说话的女人最迷人| COMMUNICATION SKILLS MAKE WOMEN CHARMING

- 对于真心喜欢你、追求你的人来说，虽然要顾及对方自尊，但如果不适合，也要委婉地告诉他不行。

- 对于心怀鬼胎追求自己，但是又不能得罪的人，可以委婉表达自己的拒绝，以杜绝烂桃花。

- 如果你不想和男上司发展办公室恋情，就该大胆地对他的追求表达出拒绝，以免给你带来更大的麻烦。

25 给男人留面子，他会更努力爱你

男人更容易被怎样的女人吸引呢？温柔的、漂亮的、泼辣的、大方的，都各有韵味。但不管怎样，会说话的女人，才能长久地留住男人的心。想想，当对方情绪低沉时你却说个不停，当对方兴致勃勃时你却爱搭不理，这样的感情怎能长久呢？

在爱情的世界里，有甜蜜也有哭泣，有争吵也有搞笑。但是，怎样说话的女人，才能令男人神魂颠倒？

会说话的女人，遇到事情懂得大事化小，生气时懂得用温柔的话语来代替大声训斥，发生分歧时懂得用适当示弱代替不相退让的指责，怒火弥漫时懂得适当收敛自己的情绪。当男人飞黄腾达时，懂得赞美他，让他更有信心和勇气；在男人陷入低谷的时候，懂得给予鼓励，维护他的自尊。

而一个总是唉声叹气、答非所问的女人，在男人面前肯定是不吃香的。

男人的心并不都是坚硬的石墙，他们内心里也有柔软的地方。如果你能恰当地触动他们内心的柔软，那么两个人的感情生活就会一帆风顺。

做一个会说话的女人，用你的温柔、知性、坚忍和体贴打动他。

💋 不浇对方的冷水，感情热度永不退

俊杰回到家，一边喘气、一边兴奋地对妻子说："兰兰，你知道今天发生什么事情了吗？今天我们老板喊我过去，跟我说我的项目设计得非常不错，他还请我在决策会议上将项目详细地讲述一遍……"

兰兰正忙着煮饭，并没有认真听俊杰在说什么。她随口应付了一句，说："喔，是吗，那可真不错。老公，你要不要吃可乐鸡翅？晚饭我做了可乐鸡翅。还有，家里的抽水马桶好像出问题了，你等一下记得看一下。"

俊杰连连点头："嗯，我知道了老婆。你知道吗，我们经理终于注意到我了，虽然我只是个小员工，但是我想这是一个很好的机会，那么多人在下面听我的报告，我都快紧张死了。不过事后，经理说我讲得很好……"

兰兰打断他的话，说道："老公，我觉得他们只是例行公事而已，你先不要想太多了。帮我递一下铲子好吗？还有，明天下班你去一趟学校，接孩子回来。"

俊杰不再说话了。他知道也许是兰兰听不进去，才没能和自己好好说话的。他去修了抽水马桶，他知道自己明天要去接孩子放学。可是他好像对这一切都没有了兴趣。

这样的婚姻生活多么令人无奈？一个人兴高采烈地分享，另一个人却不懂得认真倾听。我们可以预见到，俊杰和兰兰平时的生活一定很平淡，毫无激情和乐趣可言。一个会说话的女人，绝对不会置对方的话题于不顾，她会懂得认真倾听对方的话，然后给予对方想要的鼓励和支持。夫妻生活本来就是需要相互扶持，一路走过去的。如果总是浇对方冷水，不会体贴地说话，那么即使两个人能够有惊无险地走过一生，也会乏味无趣。

会说话的女人，懂得如何安抚男人的心，当男人遇到好事的时候，给对方以鼓励；当男人受到打击的时候，给对方以勇气。如果总是对男人的话充耳不闻，那么你也会慢慢地失去他的心。

轻声细语，以柔克刚最有力量

斌斌的公司里来了一个新员工，是个温柔的女孩，刚好就坐在他的对面。其实，这女孩长得不算很漂亮，眼睛也有点小，但是很小鸟依人的样子。有时候斌斌和同事们在一起聊天，她也会参与进来发表看法，但从不会抢人话头。斌斌还记得这女孩第一次和他说话的时候，轻声细语，让人感觉很温柔，如沐春风。

有一天下班的时候，女孩过来向他借一本书。他们从未单独说过话，女孩可能有点紧张，小小声地问他："你的这本书我可不可以带回家里看？"斌斌顿时觉得一阵春风乍现，这女孩太清新了！斌斌点头如捣蒜："可以，当然可以！"

渐渐地，斌斌发现自己喜欢上这个女孩了。他愈来愈喜欢听她银铃一般的说话声，每次听到她说话，他就会觉得自己的心里有种畅快的感觉。终于，斌斌对她展开了攻势。两个人顺利地恋爱，论及婚嫁，从此在公司里成为一对模范夫妻。因为女孩的温柔，斌斌原本暴躁的脾气收敛了很多，人也不那么毛躁了。在两个人的婚礼上，斌斌是这么说的："她的温柔就像是一杯酒，香醇却有后劲，一辈子我也尝不腻。"

话说"以柔克刚"，纵然是铁铮铮的好男儿，只要在女人的轻声细语之前，也会心甘情愿地沦陷其中。有时候，一声低低的轻唤，一阵柔情的呢喃，都能够让他们心动不已。在现代社会，愈来愈多的女人变得精明干练，也许是为了向社会证明女人不比男人差，也许是为了向男人证明自己的地位。但是，**如果为了显示你的强势，而对男人大声斥喝，颐指气使，那么只会让对方落荒而逃，甚至对你产生不满和厌倦。**

没有任何一份爱情会日久弥新，一纸婚约永远无法约束一颗男人的心，但是温柔和耐心，却可以让他乖乖成为你的俘虏。运用温柔的力量，对他轻声细语，铁汉也会变柔情。

少说话、多陪伴，织出爱情网

文媛一直暗恋着青梅竹马的邻居小科，但是小科却只把她当成自己的妹妹，对她只有兄妹之情，而没有爱情。更何况，小科也有

着自己的女朋友。

小科和朋友合伙做生意，结果遇人不淑，对方卷款而逃，小科只落得一场空的结果。女朋友得知此事以后，毫不犹豫地和他分了手，郁闷的小科一头栽在家里喝闷酒。

文媛从隔壁跑来安慰他。只见小科一瓶接着一瓶喝着闷酒，文媛也不阻止他，只是待在他身边听他抱怨，抱怨朋友的背叛、抱怨女友的薄情。偶尔，文媛会说："别喝了，喝多了对身体不好！"但大多数时候，她只是在一旁静静地听着小科诉苦。

当天，她将喝醉的小科安置妥当后，就回了自己家。没想到过一阵子之后，小科主动过来找她，问道："我们能不能……试着在一起……相信我，我会让你过好日子的。"

文媛惊讶万分，没想到期盼已久的爱情就这么到来了。而在两年后他们结婚的当天，小科才告诉她："你知道吗，你陪我醉酒的那一夜，我才发现你是那么美丽。虽然你没有多说什么，但我能够感觉到你对我的支持和肯定。当时我就知道，我不能再忽视你对我的感情了，不然我会后悔一辈子。"

一般来说，总是女人向男人诉苦，倾诉自己的委屈和不快乐，不甘和失落。但很少有女性会注意到，男人也会感到疲累，也会想要一吐苦水。有时，他们更需要一双耳朵，静静地听他说话。即使你说的话不多，他们也能感受到你的安慰和支持。

所以，当你习惯了在他耳边喋喋不休的时候，当你迫不及待想把自己的想法灌输给他的时候，你有没有注意到，他已轻轻地皱起眉头，脸上有一丝的疲倦和不悦？在爱情中，张弛有度的谈话才是最重要的，面对心爱的他，不要一直说个不停。**暂时停下你的嘴巴，无言也是一种美丽，真诚的倾听比一切话语都更有意义。**

| 会说话的女人最迷人 | COMMUNICATION SKILLS MAKE WOMEN CHARMING

- 感情如果没有交流就会枯竭，关心对方说话的内容，否则两个人没有交流，生活就会失去很多乐趣。

- 温柔是女性的可爱模样，不要大声斥喝他，要用你的轻声细语打动他的心。

- 在爱情里，要做一个懂得倾听对方的女人，有时不用多说什么，无声的鼓励和支持，也可以带给他感动。

没有任何一份爱情会历久弥新，一纸婚约永远无法约束男人的一颗心，
但是你的温柔和耐心，却可以让男人乖乖地成为你的俘虏。

26 做个**肉食女，**
主动说爱别矜持

女人往往都是被男人追捧的公主，但是，没有人规定在爱情里面，男性必须是先行者。如果你真的喜欢他，那么不妨放下身段，试着主动去试探、追求他，不然错过以后，遗憾将无法释怀。

俗话说，"男追女，隔堵墙；女追男，隔层纱。"

如果我们真的喜欢一个男人，而他对你也并不讨厌，那么你不妨主动展开攻势，得到他的心，成全自己的浪漫梦想。

但是，如果你一旦决定发动攻势，那么就不要太过害羞。一些女性生性胆小内向，不敢大大方方说出自己的爱，总是透过一些不明显的暗示，试图让对方明白，结果对方往往呆若木鸡，女方却误会为男方对自己没意思，从而错过一段美好的缘分。

另一方面，追求他的时候，也不要太过热情或猛烈。太迅猛的爱情攻势会让对方怀疑你另有所图，也不利于双方的感情进展。

总之，不愠不火地谈话，保持不远不近的距离，做一个在言辞间欲擒故纵的女人，吊足男人的胃口，顺利拥有自己的爱情吧。

💋 爱要直接，以免留白

落落要举家搬迁到国外去了，但是落落有个相恋很久的男朋友阿松。她想留下，但又开不了口，一直到上飞机的前一刻，落落送给男孩子一个闹钟，说道："我的心就是它走动的声音，希望你打开我的心。"

阿松拿着闹钟，忍着泪水送走了落落，失魂落魄地回到家，心里好像空了一片，除了想念好像没有别的事情可以做了。然而，就在这强烈的思念里，阿松发现了一件可怕的事情，那就是他没有落落新家的电话和地址，任何联系方式都没有。也就是说，这对恋人的缘分也许只能终止在此刻了。

"不，或许没那么严重。"阿松心想，落落肯定过段时间就会打电话过来的。但是一周、两周……一个月、两个月过去了，阿松心想，看来落落是真的放弃自己了，不然，她怎么舍得一个电话都不打？他又伤心又生气，狠狠地将闹钟摔到墙上。闹钟啪地一声坏了，掉出来一张纸条来。阿松捡起来一看，上面竟写着落落家的新电话！原来，落落上飞机前说的那句话是这个意思！

阿松急忙拿起电话拨打过去，接到电话的落落喜极而泣。原来，这是落落留给他们感情的一个考验，如果阿松听不懂她的那句话，不知道从闹钟里取出这张纸条来联系她，那么落落就会安心地在国外生活，不再惦记他。幸好阿松无意中"误打误撞"，这对小情侣的感情才得以继续。

也许这是个很浪漫的故事，但我们换个角度来看，如果阿松一辈子都不知道要打开这个闹钟，如果不是阿松心情太激动把闹钟摔了，谁会知道在落落说的那句话里面隐喻着"闹钟里面有我的联系方式"这个意思？这对有情人岂不是差一点就要错过彼此了？

所以，很多时候，爱还是要勇敢地说出来。**爱是一种实际的证明，不被表达的爱，又怎么能够被称之为爱？** 如果你对他的心是真诚的，那么你就明白告诉他你在乎他，想和他在一起。不要让两个人走太多弯路，也不要让对方等太久。明智的女人懂得恰当地去表达感情，从而争取对方的心。

遇见被动草食男，主动出击表明心意

建峰和庆芳早在学生时代就互相爱慕，喜欢彼此了。建峰虽然长相一般，但为人踏实上进；庆芳则苗条漂亮，而且心地善良。这两个人平时来往很多，可是谁也没有向对方明确表达过自己的爱意。

建峰觉得自己长得不够帅，害怕庆芳不喜欢他，一旦把他暗恋她的事情挑明，庆芳不答应，只怕两个人连朋友都没得做。庆芳则是觉得告白应该是男方的事情，不应该由她先说出来。于是，建峰每次看到庆芳，都一副欲言又止的模样，想要告白又害怕丢人。庆芳看他一副没有勇气的样子就很难过，终于两个人渐行渐远。

适逢家里要替建峰相亲，庆芳得知以后，知道自己不能够再按兵不动了，于是主动将建峰约了出来。

良辰美景，花好月圆，庆芳伤心地叹了一口气。建峰说："怎么

了，你有心事？"庆芳黯然地说道："是啊，而且是女孩家的伤心事。"建峰便问道："什么事让我们的小美人这么伤心？"庆芳说："在我身边啊，有一根木头，他总是不明白我的心。"

"你想让谁明白你的心？"

庆芳叹道："你真是个大傻瓜，就像一根木头一样笨。"

话说到这里，已经不用再继续说下去了，建峰完全明白了庆芳的意思，有情人终成眷属。

庆芳虽然仓促中决定表白心意，但是却很明确又巧妙地表明自己的心意，让这个因为对外貌没有十足信心，而在爱情面前退缩的男人，明白了自己的感情，从而达到了在一起的目的。有些女性即使遇到自己喜欢的男性，也会矜持不前，甚至因为一时羞怯，错失了一生的幸福。其实，若你遇到一个性格同样害羞内向的男生，不妨明确地对他作出试探，**不要因为害羞而选择退避，使得美丽的恋情还没有开始就结束。**大胆开口，明确地让他知道你的感情，才能追逐到属于自己的真爱。

🫦 告白要及时，错过的无法重来

健真暗恋公司一位女同事已经很久了，这位女同事名叫媛媛，人如其名，她是一个大方健谈但又惜字如金的女孩。虽然健真自己的条件也不错，还是公司里的小主管，但他还是不敢表明自己的心意。

一天，健真得知媛媛要跳槽到其他公司去。临走前，媛媛托人留给健真一封信。

健真颤抖着手打开信封，只见里面放了一张白纸和一支铅笔，白纸上用铅笔戳破了一个洞。健真激动的心情一下子凉了半截，他丢掉纸张，心想："她一定是想让我看开一些，不要太执着了。"

健真低沉了很长一段时间，才将自己的心情调整过来。两年后，他接到了媛媛的电话，邀请他去参加自己的婚礼。

在电话里，媛媛忍不住问道："我很想问你一个问题，我离开公司的时候，有给你一个信封，你有打开来看吗？"

健真回答道："看了。"

媛媛感到有些奇怪："那你后来为什么不和我联系呢？"

健真听到这件事有些感伤，说道："你不是要我看开一些吗？"

"我哪里是要你看开一些？"媛媛打断他的话，"我是要你把心意说破！"

原本情愫暗生的一对男女，就因为这一张意义不明的白纸被拆散了。很多女性都是如此，在表达感情的时候胆怯不已，生怕开口之后遇到被拒绝的场面，从而羞于说出自己的感情，转而用一些意义不明确的方式来希望对方明白。但如果对方无法接收到你的心意，这段感情就永远无法再重来了。媛媛如果能够把心意明确表达，再勇敢一点，这对有情人也不至于落得一个令人遗憾的结局。

所以，**当你爱上一个人的时候，不妨给自己一个机会，打个电话给他，或者发条简讯给他，主动明确地告诉他你的心意。**也许，你会因此而为自己赢来一份爱情。就算真的被拒绝了，至少你会摆脱那

种不说不甘心、说了怕失败的状态。如果一直左右顾虑，担心对方拒绝，担心对方态度冷淡，瞻前顾后，恐怕永远都只能孤单一人。

| 会说话的女人最迷人 |　COMMUNICATION SKILLS MAKE WOMEN CHARMING

- 如果你爱上了一个人，不妨勇敢地说出你的爱。女性也有追求自己幸福的权利，多给自己一个机会。

- 不要担心你的主动追求会让他看轻，你的坦率和敢作敢为，更有可能会打动他的心。

- 表达爱意要明确，模棱两可的表达，容易让对方产生误会，阻碍两个人感情的进一步发展。

27 强势有理，但野蛮霸道就是你不对

爱情就像温室里盛开的花朵，需要精心呵护和培养，才能美丽盛开。在恋爱中的女性，如果经常对另一半恶言相向，那么爱情的颜色就会渐渐退却，爱情的花朵也会慢慢凋谢。真正的爱情，需要甜言蜜语灌溉，唯有双方精心呵护，才能健康成长。

一个是巧笑倩兮、温言软语的女性，一个是暴跳如雷、泼妇骂街的女性，如果你是男人，你会选择怎样的女性过日子？想必大家都会选择前者。

爱情是甜言蜜语建构起来的城堡，在建立起来以后，更需要精心地维护和及时修补。如果总是耍小脾气，遇到不满的事情就破口大骂，对另一半恶语相向，不仅淑女的形象尽毁，还会一砖一瓦地将爱情的城砖拆除，分手也就近在眼前。

对身边的他多一些赞美、少一些指责；多一些倾听、少一些唠叨；多一些宽容、少一些抱怨。这样一来，才不会让另一半总是处于高压之中，毁了爱情。

💋 指责、挑剔，爱情的暗黑破坏元素

当提出分手的时候，小惠发现西亚松了一口气。小惠见状问他："是不是觉得终于解脱了？"西亚无奈地看着她，说："你看，你还是这个老样子。"小惠转身哭着跑掉，她和西亚在一起已经三年了，如今分手这么果断干脆，她认为西亚早已另有新欢。

西亚在一家建筑公司工作，工作表现很好，薪资很高，但是压力很大，经常加班，有时候回到家都已经很晚了。现在小惠很怀疑他说的加班和忙碌，到底是不是真的。

过了几个月，西亚突然打电话给小惠，说自己准备结婚了，想在婚前见她一面。小惠将自己精心打扮了一下，她以为西亚要带自己的未婚妻过去，她可不想输给对方。可是到了饭店，小惠却发现西亚是一个人来的。

西亚没有吃多少东西，但是喝了几杯酒。他对小惠说道："小惠，我从来没有和别的女人在一起过，你都不知道我曾经有多爱你。"小惠不理解地问道："那你为什么愿意和我分手？你还和你的好哥们儿说你受不了我！是我不够辣，还是嫌我的薪水太少？"西亚苦笑一声："既然这样，那我就和你直说了。我爱你，但是我每天工作那么辛苦，下班回家以后，你只会指责我这个不好，那个不好，称赞别人的男朋友。我心里觉得好难受，慢慢地也觉得疲累了。到最后，疲倦也大于爱恋了。"

由此可见，在感情里，女人不要过度挑剔和责备自己的另一半。男性肩上往往是身负重任，在社会上获得其他人认可的同时，更需要情人的支持和认可。"每一个成功的男人背后，总有一个伟大的女人"，这是不变的道理。

人们常说，女人是靠听觉来谈恋爱的，男人的甜言蜜语总会让女性无法抵御，有时候明明知道是花言巧语，但那些话语还是有着致命吸引力。所以，**女性也不妨多说一些甜言蜜语，少一些指责和埋怨**。只要方法得当，适度地向你的男人表达爱意，就能够轻易收服他的心。

抱怨是感情的死敌

新力和晴雪在大学时期就开始谈恋爱，毕业后双方工作稳定，终于缔结连理。按说这一对新人经历了风风雨雨，好不容易尘埃落定，本应该是幸福甜蜜的一对。可是实际情况是，结婚之后的两个人，感情却是每况愈下。

原来，晴雪在结婚以后，变得莫名挑剔。新力洗件衣服，她就在一边指指点点："你看你衣服怎么洗的，袖口这么脏都不会好好搓搓！连衣服都洗不好，你还能干吗？"新力好不容易下厨，她还心生不满："你怎么做的饭，不是太咸就是太淡，让人怎么都吃不下去。"新力和她一起出去办事，她一路上不断唠叨："你怎么连话都不会说，结结巴巴的别人怎么替你办事！"

新力一开始不想计较，处处忍让，时间久了就开始和晴雪争吵。结果往往是两人大吵一架，然后冷战好几天，谁也不理谁。和好以

后，晴雪还是不改自己的抱怨，有一次正在洗碗的新力实在忍无可忍，将所有的碗筷摔到地上，吼道："那么不开心就离婚算了！吵什么吵！"

晴雪万万没有想到，新力竟然会说出离婚这两个字，她伤心地坐在沙发上哭泣，怎么也想不明白，当初甜蜜恩爱的一对恋人，为什么结婚以后会争吵不断，甚至到了过不下去的地步。

抱怨和唠叨是爱情的死敌。很多女性都会忍不住抱怨，自己的男人不会赚钱、没有钱买房买车、没本事升官发财、不够体贴等等。这样的唠叨难免会让对方泄气，然后恶性循环，变得更加平庸。

也许有些女性会认为，抱怨他是因为在乎他、为他好，换作他人，自己还懒得抱怨呢！其实并不是这样，相反地，**抱怨是打击男人最可怕的武器**。谁没有半点小毛病呢？你的抱怨将他的小毛病全都放大了，还硬生生地拿到他的眼前，让人厌烦都来不及了，何提改正一说？晴雪就是因为太过挑剔，才会在无止尽的抱怨中，将自己的老公推离得愈来愈远。多一点宽容和理解，不要在言语上过于苛刻，才不会将爱情破坏殆尽。

勿逞一时口快，对爱造成伤害

小青在咖啡店里哭得很伤心，惠利在一边手忙脚乱地劝她。好一会儿，才知道小青是因为和男朋友杜杜分手了，所以她才这么难过。小青哭够了，和惠利说起了她和杜杜的事情。两个人从大学时期开始谈恋爱，刚毕业的时候，两个人没有工作没有钱，虽然生活很辛苦，但是两个人相亲相爱地咬紧牙关坚持了下来。现在，工作稳定了，到了论及婚嫁的时候，反倒走不下去了。

惠利听到这里，想到了自己的恋爱经验，便问她，是不是这段时间两个人经常吵架，而且谁都不服输，还会在言辞上指责对方。小青想了想，然后点点头，告诉惠利，有时候自己工作累了，想请杜杜帮她做家事，她就大骂杜杜是头懒猪，回到家只知道吃不知道干活。杜杜倒是很容忍她，并没有因此对她说什么过分的话。只是有时候看她邋遢的样子，老说她不像女人，她则用"当初真是瞎了狗眼才会看上他"这种话来回击。

惠利无奈地替她分析，本来有些事情是可以避免的，如果两个人之间有人先退一步就不会这么严重了。如果一直吵架拌嘴，彼此恶言相向，那么最后肯定会两败俱伤。

感情有时候是很脆弱的。在你一言我一语的相互伤害和指责中，曾经美好的爱情被刺穿、摧毁，终于使两个人走到尽头。而懂得说话的女人，知道不能在言语上太过恶毒地攻击对方，不然很容易造成相互之间的矛盾升级，造成感情破裂。很多时候，恋人之间的问题都出在两个人为了逞一时之快而对对方口出恶言，事后追悔莫及的还是自己！

爱情之间需要相互理解，如果只会用言语来伤害和刺激对方，那么这份感情也就没什么指望了。在感情里，最令对方开心的事情，无非是听到伴侣对自己的夸奖；而最令人伤心的事情，无非是听到爱人对自己的指责和谩骂了。做一个会说话的女人，懂得在爱情里说话的分寸，不该说的话不要说，故意伤害对方的话不要说，遇到事情冷静下来再说话，这样才能保护两个人的爱情。

| 会说话的女人最迷人 |　COMMUNICATION SKILLS MAKE WOMEN CHARMING

- 不要对另一半口出恶言，除非你想破坏这份感情。无端的指责最让人恼火，一不小心就会将爱情焚毁，再也无法弥补。

- 抱怨和唠叨是让对方远离你的可怕武器，试着将这两把武器从身上放下，让感情回到初恋时一样温馨美妙。

- 恋人之间需要相互理解，只有控制自己出口伤人的欲望，才能甜甜蜜蜜。

28 分手平静告别，祝福彼此才是真女人

不是所有的爱情都会开花结果，当爱情走到了终点，双方所能做的，也只是送出祝福，放对方离开。但是，有不少女性会因为对对方怀恨在心，从而说出不该说的话，或做出损害对方名誉的事情。其实，两个人毕竟真心相爱过，大大方方祝福对方，才是最有风度的表现。

爱情的结束总会伴随着分手，而分手会给双方都带来不小的伤害，尤其是感性大于理性的女性。分手后的伤痛，会让人失去理智，做出一些冲动的事情。例如，不少女性会肆意诋毁对方，抱着自己不好过、也不让对方好过的想法，搞得对方鸡犬不宁。

这样的女性就像是有毒的曼陀罗，她们嘴里随意说出过分的话，既伤害了对方，也拉低了自己的水平。在他人看来，这样的女人是可悲的，因为她们不懂得此时说出祝福的话，才是对双方关系最好的一个纪念。

相反地，迷人的女人懂得如何和对方完美地告别，说出得体的话，表达真挚的祝福，好聚好散，留给对方一个美丽的背影。

你愿意做哪一种女人呢？

💋 分手快乐，不需毁谤对方

　　阿莫和森森曾是一对甜蜜的情侣，很多人都很羡慕他们的郎才女貌。但森森和阿莫相处一段时间以后，觉得这个女孩可能和自己不太合适。她个性自私，总是以自己为中心，而且占有欲极强。有时自己和别的女孩说几句话，她一发现了就会大吵大闹，一哭、二闹、三上吊。森森请她不要这么任性，可她却说这是因为她爱他，还指责他不够在乎自己，不爱自己。

　　森森感到非常无奈，终于提出了分手的要求。阿莫以为他只是在开玩笑，但是看着森森冷静的眼神，她知道一切都结束了。

　　但是，令森森没有想到的是，事情到这里并没有结束。阿莫和他分手后，四处说他的坏话，说他好吃懒做、不负责任，把阿莫当成佣人，还对自己百般挑剔。森森并没有理会她，以为不理她，她就会自觉没趣了。半年后，森森交了个新女朋友，没想到过几天女朋友就提出分手的要求。森森问她为什么，她说："你以前害一个女孩为你堕胎三次，最后人家不能怀孕了，你就甩了人家，这事情是不是真的？"

　　森森一下子就明白了，这是阿莫搞的鬼。他跟女朋友解释以后，女朋友选择了相信他，而森森只是很庆幸自己离开了这个心胸狭隘的女人。

　　既然曾经相爱过，分手后就不要再去伤害对方了。因为分手这件事情本身，对双方都有不小的伤害，都会留下疼痛的伤疤。正因如此，才应该**把自己最好的一面展现给对方，而不是想尽办法恶言**

毁谤，去打扰对方的新生活。这样难道有什么意思吗？无非是留给对方一个无理取闹的印象，让对方坚定了离开你的想法而已。

不要把怨恨在分手后表现出来。即使两个人无法再做朋友，那么在偶尔遇见的时候，简短地问候一下对方，或者礼貌地微笑一下，并不会对双方造成困扰。分手时，让对方看到你的宽容和大度，看到你真诚地祝福他，才会让人怀念。这样的女性，也才会拥有属于自己的幸福——那些执着于打击报复的女人，永远不会拥有幸福。

💋 封存旧恋情，不用多说多问

莫愁和男友阿强经历了一年的拉锯战以后，终于还是决定分手了。她在阿强身上付出了三年青春，现在落得什么也没有，她真的觉得心有不甘。但是反过来想想，阿强为她也付出了很多心血，其实谁也没有欠谁。说到底，两个人只是因为都想留在自己的家乡，不愿意搬去对方的城市，所以才黯然分手。

很久之后，莫愁听说阿强有了新的女朋友。她发现自己还是喜欢阿强，于是开始找借口去阿强的城市，每次去都要阿强出来陪她。即使是凌晨三点的火车，她也要阿强出来接她，不然就"夺命连环叩"，弄得阿强睡也睡不好。

阿强很无奈，告诉莫愁不要再这么任性了。于是，莫愁不来看阿强了，但是每天晚上都打电话给阿强，只要阿强不接她就一直打，阿强如果关机，她就狂发简讯。阿强没有办法，他告诉莫愁，看在两个人曾经的情分上，他可以来火车站接她。可是每次都放下和女朋友的约会过来接她，被她这样打扰，又有什么好处呢？他已经开始了新的生活，不想被过去的事物所牵绊了。

终于，莫愁告诉他，自己反悔了，想要继续和他在一起，她愿意搬去阿强所在的城市。可是阿强说，分手后她说的话、做的事已经深深地伤害到了他，他已经不愿意和她在一起了。

无论怎样，**分手了，一切就成为了过去式，再也没有必要去深究是因为谁的错，更不要因为自己对对方还没有死心，就去打扰对方的新生活**。分手后，就不用过度关心对方的生活好不好。如果他过得好，你难道不会嫉妒？当你看到他的新欢，难道心里不会有酸楚？如果对方过得不好，你难道不会担心？就算两个人没了感情，但是过去的旧情还在，你能坦然面对他的失意吗？

既然已经分手了，唯一能做的，就是将旧的恋情封存起来，去迎接新的人和生活。迷人的女人，不会选择一次次回头，向对方诉说曾经的美好，不会说一些影响到对方新生活的话。这样的女人才值得回味，在拥有自己新恋情的时候，才能放开去爱。

💋 不吝惜分手后的祝福

萧萧和敏儿分手后很久，敏儿都还在留恋旧情，她不相信曾经那么宠爱她的萧萧会如此狠心。她看到 Skype 上还有萧萧亮着的头像，知道他在工作，就像以前一样，只是他的身边已经没有她了。

敏儿忍不住发讯息给萧萧，嘘寒问暖。萧萧虽然也回答了她的问题，两个人的语气客气得像陌生人，但又暗含情愫。终于有一天，敏儿忍不住在 Skype 上对萧萧说："我想你。"

萧萧静默了很久，告诉她，两人经历这么多年的感情，他不想因为分手就恩断义绝，但是他们确实不能继续在一起了。如果敏儿还是忘不了他，那么他们还是不要再联系了。敏儿想了很久，他说的确实也对，自己应该放开了，毕竟她无法告别这段失败的感情，就无法开始新的人生。敏儿在电脑屏幕旁边，一边哭一边打字："那我们还是不要再联系了，希望你以后会遇到更合适的女孩，这么多年谢谢你对我的包容，谢谢你给我的爱，以后希望你能过得更好。"

萧萧看到敏儿的留言，想起过往的一幕幕甜蜜和温馨，正在留恋之间，却发现敏儿已经下线了。这一瞬间，他有一点后悔——失去了一个这么善良体贴的女孩。

爱情需要真挚的祝福才会更加美丽。如果双方曾经有过一段美好的经历，都付出过最纯真的感情，但是因为种种原因，无法走到最后，那么在离开的时候，就一定要记得将自己的祝福送给他，送给自己曾经深爱过的那个人。毕竟，他带给了你快乐，陪你走过了一段旅途。你也应当祝福他在未来的旅途上，能够愈爱愈幸福。

在爱情走过终点后，不要歇斯底里，不要大哭大闹。淡淡地对他说出你的祝福，这样就足够。**虽然分手避免不了伤心和难过，但是当你学会用真挚的语言来告别一段感情，你就不会再后悔。**

| 会说话的女人最迷人 | COMMUNICATION SKILLS
MAKE WOMEN CHARMING

- 分手时要干净利落，不要说出刺耳的话去伤害对方，也不要在背后到处散布谣言污蔑对方的形象。替对方留下你最后的宽容，才是迷人女性的作为。

- 不要以还在爱他为借口，去打扰他的新生活。因为你也应该开始自己的崭新人生。

- 分手时，大大方方祝福对方，并感谢对方带给你的快乐。

分手了，一切就成为过去式，
再也没有必要去深究谁对谁错，
更不要因为自己还未死心而去打扰对方的生活。
平静地分手告别，祝福彼此才是真女人。

29 大方说恩爱，闪到旁人睁不开双眼

蒙娜丽莎的微笑之所以让人觉得无比恬静和美丽，就是因为她的含蓄笑容里充满着温情和爱。含蓄是一种令人着迷的美，它没有过度的喧哗，也没有纷乱及吵闹，让人感受到沉静。含蓄说话、含蓄表达，让自己的感情更加有韵味，使对方更加为你意乱情迷。

　　有些女人的爱是含蓄的，面对喜欢的男人，喜欢欲擒故纵，有时就算自己真的喜欢他，也会装出满不在乎的样子。也许有些女人不会说甜言蜜语，不会直接地表达自己的感情，但她们的爱并不比其他人少。

　　勇于直白表达感情的女性，像是香味浓烈的玫瑰花，让人觉得奔放自如；而含蓄表达感情的女性，就像是香味悠远的月桂花，给人一种小家碧玉的感觉，更加有韵味。

　　如果你无法直白地对男性表达感情，那么不妨做个含蓄的女人！含蓄的女人说话更容易引起对方好奇，更容易让对方在你精心布置的话语里迷路，最后为你所获。

💋 含羞草告白，锁定 Mr. Right

小婷喜欢高大帅气的建豪好久了，有一次两人见面的时候，小婷故意在建豪面前唉声叹气的。建豪感到很奇怪，问她到底怎么了。小婷心里一喜，等的就是这句话！然后她表现得更加郁闷。

建豪一直很担心地问她怎么了。小婷故作犹豫地告诉他，说她发现自己喜欢上一个男生，最近想要对他表白，可是她不清楚对方是不是有意思。建豪心里顿生涟漪，其实他早就深深地喜欢上了小婷，他还打算过段时间情人节到了，就向她表白。没想到……他压抑住自己的失望，询问小婷是不是真的很喜欢那个男生。

小婷毫不犹豫地点点头，告诉他自己真的很喜欢那个男生，也真的很害怕对方会拒绝她。她说："建豪，要不然，我把那个男孩子的照片给你看看，你帮我建议一下？"建豪点点头，接过小婷递给他的一个盒子。小婷请他回到家以后再看，不然自己会不好意思的。看着小婷脸红红的样子，建豪觉得心里难过极了。他拿着盒子回到家，迫不及待地打开，想要看看自己情敌的模样。

盒子打开了，看到盒子里面的时候，建豪愣住了，转而哭笑不得。原来，盒子里面是一面镜子，打开以后镜子刚好映出了自己的脸庞。建豪再也不想犹豫了，再也不等什么情人节了，马上拿出手机打给小婷……

这是一种多么可爱的试探和表达，小婷隐瞒自己喜欢的人是建豪，先引起建豪的好奇和紧张。处于这种情绪下的建豪，一定会迅速打开那个盒子，等到看到盒子中的镜子，便会明白一切。这样一来，让建豪的心情有了一个跌宕起伏的过程，建豪在这个过程里加深了对小婷的感情。

其实含蓄表达感情的方式还有很多，例如，你可以对他说"我昨晚做了个梦，梦见了一个人……奇怪那个人怎么愈看愈像你"，这样的小心思既可爱又含蓄。如果你觉得你喜欢对方，而对方也不讨厌你，就不妨试试看这种含蓄的表达。如果对方碰巧也喜欢你，那么自然会成就一段佳话；如果对方对你没意思，那么这样含蓄的方式，也不会造成两个人往后的尴尬。

💋 爱不能太直白，才会有美感

美露是一个漂亮的女孩，因为长相不错，所以在挑选男朋友时的眼光也特别苛刻，要求对方要有"郭富城"般的长相，否则就不予考虑。这么一来，眼看美露已经步入三十岁了。

这天，美露经人介绍，认识了一位风度翩翩的青年，人长得帅，又有绅士风度，美露一见倾心，觉得这就是自己的真爱。然而毕竟自己青春不再了，美露唯恐失去自己的意中人，于是急急忙忙地向对方表达自己的爱慕之情，每天都发送一句肉麻简讯，每次见面都会热切地和对方说自己真的很喜欢他，希望和他结婚。

可想而知，青年以为美露有什么不可告人的秘密，所以才这么心急如焚地要结婚。在美露狂热的爱情攻势下，青年小心翼翼地找了个借口，不再理会美露。

有些女性喜欢用狂热露骨的语言，直言不讳地向恋人表达自己的感情，这样直白的方式，缺乏一种含蓄内敛的美，稍有过度就会引起对方的反感，最后弄得事与愿违。如果美露不要这么心急，婉转一点，让自己爱情的柳枝悄悄地萌发出新芽，可能结局就不会令双方这么尴尬了。

爱情的朦胧美，才会让人心醉。若是将爱慕之情吐露无遗，反倒会让爱情索然无味。含蓄地表达自己的情感，更有机会让对方为之沉迷和倾倒。懂得说话的女性，会使用含蓄的语言，去向对方证明自己的内心。她们的表白很有弹性，不会导致一旦对方回绝，就再也没有余地挽回的糟糕结果。而且，含蓄表达有其必要性，它不会令对方认为你那么心急是有什么隐私隐瞒自己，从而对你产生怀疑，埋葬了恋情。

因而，在尚未确定关系的交往阶段，不管是交谈，还是简讯，在向对方表达爱慕之心的时候，态度要自然、诚恳，语言要恰如其分，不要故作嗲态，动作暧昧，甚至污言秽语，更不需要动辄发誓等，才更耐人寻味。

该说的爱情关键词，不需要含蓄

振宏喜欢上一个女孩知知，于是决定开始追求她。他在发给知知第一条简讯的末尾说，自己会连续一百天发送简讯给女孩。当振宏将简讯发出去的时候，他惊喜地发现，知知居然回复了。她会说什么呢？振宏怀着激动的心情打开了简讯，可是他看到的只是一片空白。

振宏有些失落，不过并没有气馁，连续不断地每天早上发送一条简讯，关心知知有没有多穿衣服、有没有好好吃饭。可是知知的回复，始终都是一封空白简讯。振宏愈来愈气馁，以为知知不喜欢他。

到了第一百天，他犹豫了很久，都没有勇气把简讯发送出去。原本最后一条简讯他说的是"我很爱你，和我在一起吧"，也被他删除了。

几年后，振宏交了女朋友，而知知也已经嫁为人妻。在一次偶然见面的时候，知知欲言又止，终于问他，当年的简讯，为什么没有发送到第一百条。原来，知知已经写好了最后一条简讯，只等着振宏把第一百条简讯发送过来，就答应两个人在一起。

振宏听了有一些惆怅，因为他删除了自己的最后一条简讯，并将这段遗憾的感情尘封了起来。他不知道这是谁的错，只知道曾经相互喜欢的两个人，就这么硬生生错过了。

如果振宏再勇敢一点，发出最后一条简讯，或者直接说出自己的爱；如果知知不那么矜持，在振宏不再发给她简讯的时候，主动发出最后的邀请，那么这个故事，一定会是个皆大欢喜的甜蜜结局，这份珍贵的爱情，也就不会成为往事。

爱情可以含蓄表达，但是如果让爱情太过含蓄，在最需要表白的时候太过犹豫，那么这一错过就有可能是一生了。就算以后遇到了不错的对象，拥有了属于自己的婚姻，但这一段遗憾的感情，将始终埋在心底的某个角落。

很多女性在表达感情时，总是太过含蓄，在接受他人追求的时候，又太过犹豫。在爱情开始萌芽的阶段，就算不直接告诉对方自己的心意，也可以在言语上稍微给对方一点鼓励与支持，让对方有勇气迈出那最后的关键一步。

| 会说话的女人最迷人 | COMMUNICATION SKILLS MAKE WOMEN CHARMING

- 透过含蓄的方式，向对方表达你的爱意，会让对方更加珍惜你，更能看到你的聪慧和可爱。

- 遇到真正喜欢的人时，不要太着急，否则对方反而会怀疑你的初衷。爱情始终都是朦胧最美，太过主动说爱的女性，反而会失去魅力。

- 该说爱的时候，就该大声把爱说出来，这样才不会因为太过含蓄，而错失真爱。

30 好男人都是说谎"骗"来的

在恋人之间，最重要的就是真诚，爱情里不容许有一点点的欺骗和虚伪。但是，在一些特殊情况下，适度的谎言才能保护爱情。如果每件事情都要如实告诉对方，每一句话都是实实在在的不掺假，那么这样的感情也真实地太过了！

对自己的爱人不说真话，好不好？

也许很多人会认为不好，在爱情里若不说真话，将一些事实隐瞒，是很过分、令人生气的举动。但是，回想一下我们在爱情的经历里，谁不曾用谎言逗对方开心过，谁不曾报喜不报忧？

当对方问你："我买的这件衣服怎样？"若你直言不讳地回答他："太难看了，真丑。"这样是不是会伤害到对方？如果你说："还不错，比上次挑的有进步。"是不是就比较温和，能让对方接受了？

所以，有时候虽然我们对对方撒了谎，但这并不影响到双方的感情，反而让彼此的感情更好。

懂得说话的女性，不一定只说真话，但她说出来的话，一定是会让对方觉得舒服的话。唯有这样，两个人的感情才能长长久久。

善意的谎言，赢得一生爱恋

小伟和美妍相遇的时候，是在一家咖喱餐厅。那时候的小伟很年轻帅气，爱慕他的人很多。所以，当他邀请美妍吃晚餐的时候，她有些受宠若惊，但还是欣然答应了。

刚开始，两个人之间有些尴尬，毕竟第一次一起出来吃饭，都不知道要聊些什么好。当服务生将咖喱饭端上来的时候，美妍脱口而出："麻烦您拿点黑胡椒过来好吗？我吃咖喱饭习惯放些黑胡椒。"她的脸有点红，感到不好意思。但是服务生马上将黑胡椒拿来，她倒进咖喱饭里，慢慢搅拌，仔细品尝。他问道："你为什么会喜欢在咖喱饭里面放黑胡椒呢？"她说："这是我老妈的味道，她煮咖喱饭总是喜欢放黑胡椒，所以我在外面吃咖喱饭也是这样，能够感受到家的温暖。"

两个人的话题就这样打开了，相谈甚欢。美妍最后发现，小伟是一个值得托付终身的好男人，而小伟也从她对家乡的思恋中，感受到了她的恋家顾家。后来每当吃咖喱饭的时候，他都会交代服务生一句："麻烦拿点黑胡椒过来好吗？我老婆喜欢这样的味道。"

之后的两个人，一直过着幸福的生活，直到美妍先小伟而去。而在美妍离去以后，她的好朋友替小伟送来一封信，上面说，其实自己一直都不喜欢放黑胡椒的咖喱饭，一切都是因为第一次见面的时候，自己很紧张，为了分散注意力，所以胡乱说了那句话，也打开了话题。

小伟读完信后，很想对美妍说："我也很高兴，有人能够这样骗

我一辈子！"

为了一次约会，撒了一辈子的谎，吃了一辈子的黑胡椒咖喱饭。那是什么味道，想必只有主角会知道。但是，他们两个人是如此享受谎言的味道。在恋爱中就是这样，有时候说真话，反而是会令对方尴尬或难以接受的。**只要你是认真为对方着想，不管是否说点小谎，都无伤大雅。**

💋 适时地撒谎，让爱情更生色

心心的公司员工旅游。出发前，老公小刚交代她，因为他们刚好下个月要回老家，请她帮忙带一些特产回来。心心满口答应，结果一到了旅游景点，心心又是和同事游山玩水，又是观赏古迹，再不就是放空休息，根本把小刚交代的事情忘得一干二净了。

直到坐上游览车的时候，心心才突然想起来，还有这件事没有完成！可是已经来不及了。于是，她只好到家附近的商场里买了一些伴手礼。回到家以后，心心没有跟小刚说实话，只是撒娇说道："老公，你平时都早出晚归的，辛辛苦苦工作，都是为了这个家。我知道你很上进，也了解你工作很认真。你老说我出门爱乱买东西，这次我去商场里挑了很多实用的东西，这下子爸妈肯定不会说我们乱花钱了。你来看看，这些爸妈应该会喜欢吧？"

小刚听到心心温柔的话语，心里很感动，觉得她变懂事了，学会为自己和爸妈考虑。然后，两个人开开心心地一起出门吃饭去了。

如果心心把实情相告，告诉小刚自己忘记了他交代的事情，到家才想起来，东西也不是当地特产，而是在附近的商场挑选的，那么结果肯定不会这么愉快。虽然不至于影响两个人的感情，但是小刚心里肯定会产生些许的不悦。

所以，**在爱情里，如果对于每一件事情都如实相告，那么原本和睦的关系，会有可能开始出现裂缝**。我们经常说，在爱情里要忠诚，但这真诚的前提是为了维护爱情的甜蜜和滋润。如果撒个小谎可以替爱情增色，那又何乐而不为呢？在不影响大局的小事上，适时撒撒谎，营造一个温馨的气氛，也不算件坏事。

需要留意的是，说点小谎，并不是要你满嘴胡言地去欺骗对方，那样就是招摇撞骗，而不是真挚的情感了。只有最甜蜜的谎言，才能浇灌最真诚的情感，才能够成为爱情里不可或缺的调味剂。

为对方着想而说谎，使爱情更芬芳

祖安的生日要到了，男朋友炎炎从大老远跑过来替她过生日。见到祖安的时候，炎炎得意洋洋地拿出一个包装精美的礼物，说是要送给她的生日礼物，是自己跑了好几家商店，精挑细选才选到的。

祖安打开包装一看，是一条丝巾。虽然质地很不错，但是颜色太过花俏，显得太过艳丽，她并不喜欢这种颜色。但是，看着炎炎希望能够得到她赞赏的热切眼神，祖安把丝巾展开，端详了一番，然后系到自己的脖子上，开心地说道："这条丝巾好时尚，颜色也好

看，你的眼光真不错，是不是花了不少钱啊？只要天一冷，我就会系上它，这样我就可以每天想到你。"

炎炎听到这样的夸奖，一把搂过祖安，出门一起庆祝生日去了。

暂且不管祖安日后会不会经常系这条丝巾，试想，如果祖安实话实说，明白地告诉对方，她很不喜欢这个颜色，所以不想系这条丝巾，结果会怎样？这肯定会对正在兴头上的炎炎浇下一盆冷水，而且否定了炎炎辛苦为她挑选礼物的努力。这样一来，两个人之间就容易产生矛盾，若是恋人在生日当天发生争吵，这可不是一件值得开心的事情。

谎言并不意味着欺骗对方。如果谎言是为了增加爱情的甜蜜，那又有何不可？**在两人世界里，善意地说谎并不是为了遮掩什么，而是为了营造爱情的甜蜜氛围。**很多时候，爱情里的谎言，就等同于小小情话，它往往蕴含着人性最善良的一面，而且夹杂着信任和关怀，能够替爱情注入新的润滑剂。从某些方面来讲，善意的谎言更是对对方的在乎，否则，谁会为了你而用心良苦地编造谎言？

恋爱中的两个人，偶尔都会需要善意的谎言来做润滑剂。当真情的告白可能造成伤害的时候，不妨选择使用善意的谎言，来替爱情长久保鲜！

|会说话的女人最迷人| COMMUNICATION SKILLS MAKE WOMEN CHARMING

- 在爱情里，百分百的坦诚相见，并不是最好的手段。适度地说些谎话，更能促进爱的交流。

- 善意的谎言不是欺骗，而是包含着信任和关怀的爱。当你发现说真话会令对方生气的时候，不妨用谎言掩盖过去吧！

- 如果事事都说真话，那么爱情里就没有什么甜蜜可言了，也无法保证爱情新鲜不褪色。

Chapter 4
家庭幸福美满的说话术

会说话的女人，懂得呵护自己的家庭。当家中即将爆发争吵的时候，她会用巧妙的语言缓和冲突；面对老公的时候，她会用玲珑剔透的心说出体贴的话。母老虎人人敬而远之。试想，哪个男人不喜欢自己家中有个充满智慧的女人呢？懂得说话的女人，才能拥有和睦的家庭。

31 拒用唠叨管教男人，免得破坏形象

> 有些女人，一件小事都可以唠唠叨叨没完没了，让人心烦不已。唠叨会让女人的美丽和可爱打折，每个女人都想被老公宠爱一生一世，都想成为周围人眼里的钦羡对象。其实做个好女人不难，只需要管住自己的嘴巴，别让絮絮叨叨坏了你的形象。

你有没有见过这样的女人，只要一张口，丈夫便会怒气冲冲："你闭嘴，我不想听你说话！"

你有没有见过这样的女人，她有着美丽的容貌，穿着优雅，但是只要一开口，所有的美丽便荡然无存。

你有没有见过这样的女人，本来她要展现对孩子的关爱，可是都还没有开口，孩子便很不耐烦地说道："妈，能不能别再重复了，你都说了几百遍了，听得我耳朵都长茧了！"

这时候，女人总会很无奈地说一句："为什么所有的人都不理解我呢？我不过是想关心他们，想让他们过得更好而已！"

其实，这样的结果并不是别人造成的，最大的根源还是在于自己。没有人喜欢唠叨的女人，唠叨只会让你的婚姻和幸福走向坟墓。

唠叨的女人惹人厌

小欣长得很漂亮，举止优雅，凡是见过她的人都会被她深深地吸引。可是，若经过一段时间的相处后，大家就不愿意再和小欣来往了，因为她实在太过唠叨。

小欣的好朋友说："小欣人还不错，可就是太唠叨了。每次接到她的电话，没有一个半小时她是不会放下电话的。她的老公和孩子，家里鸡毛蒜皮的小事，甚至是陈年旧事她也可以讲半个小时。我不忙的时候还能陪她聊聊，安慰安慰她，可是，谁有那么多时间天天听她讲这些啊！所以我现在特别害怕接到她的电话。"

不仅小欣的好朋友，小欣的邻居平时见到她，根本不敢和她打招呼。因为小欣不管见到谁，都会和人家闲扯很长一段时间，她会告诉别人今天她买了什么东西、做了什么菜……她的邻居们碍于情面，都不好意思当面拒绝她，所以大家只能选择躲避。

就连小欣的老公和孩子，也都受不了她的坏毛病——整天因为一些鸡毛蒜皮的小事和家人唠叨个没完。老公甚至很无奈地说道："早知道结婚后她是这个样子，我是不会娶她的！"

其实小欣是很可悲的，一个漂亮而优雅的女人，原本应该是充满魅力，可是，就因为太过唠叨，所有的人都对她"怕"而远之。

爱唠叨的女人，总爱围绕自身，将话题一个又一个地重复下去，好像她的话在心里憋了很久，无处诉说一样。

爱唠叨的女人，很少顾及别人的感受。她才不管别人对她的话题是否感兴趣，不管你是不是有充裕的时间，去听她说那些无关痛

痒的话，也不管你是不是愿意听她说完内心的不满与不痛快，她只管没完没了地说下去，直到你忍无可忍了，她才会无奈地说一句："我怎么那么不受欢迎呢？"

爱唠叨的女人，会亲手毁掉家的温暖。因为她总是无缘无故地抱怨和指责家人，也会把自己的坏情绪毫无理由地传染给家人，让家人得不到片刻宁静。这样的家庭，怎么会有快乐可言呢？

💋 换个方式说教，另一半不再气得跳脚

帕拉和丈夫结婚后，两人的生活温馨而甜蜜。每天丈夫去上班，帕拉在家里为丈夫洗衣、做饭，打理家务，全心全意地为丈夫付出。

婚后两年，两人的儿子诞生了，给这个小家庭带来了无限欣喜，然而，麻烦事也愈来愈多。自从儿子诞生后，帕拉便更忙了，除了做家事，还要一个人带孩子，之前优雅的生活状态再也回不来了。帕拉觉得自己很累，一天到晚都有做不完的事情。

这天老公下班回家，刚脱下袜子在玄关，帕拉便怒从心中来，生气地说道："你不知道要把你的臭袜子扔进洗衣机里面吗？知不知道我每天都要洗多少东西？"

类似这样的情况愈来愈多。她经常指责老公不体会自己的辛苦，不帮忙做家事。老公渐渐地受不了她的坏脾气，愈来愈少回家，回家时间也愈来愈晚。帕拉终于意识到了问题的严重性。

帕拉反思过后，终于发现问题出在自己身上。于是，她开始改

变自己。她尽量让自己的语气柔和，如果要老公帮忙，她会温柔地说："亲爱的，你可以帮帮我吗？我现在没有时间……"若是以前，她常说的是："你又在那边玩游戏，不知道过来帮帮我吗？知不知道我有多累！"

帕拉的转变让丈夫感动不已，不仅回家的次数变多了，而且回到家里还会主动帮帕拉带孩子、做家务。

现代女性工作忙，生活压力大，需要向人倾吐自己内心的无助，这本是无可厚非。但，**唠叨过了头，便会让自己成为怨妇**。

为什么不换一种方式来发泄自己的不满呢？同样的意思，若用不同的方式表达出来，便会达到不一样的效果。没有人会愿意听别人整日没完没了地大吐苦水，何不把自己的意思，换一种方式向别人表达，会更讨人喜欢。

别因为唠叨让家人处于低气压

万里晴空，杰克准备带着全家人一起去乘船游玩。

杰克的心情很好，一路上走走唱唱，还不停地哼着小曲。这时候，他的妻子珍妮说："我们的邻居彼得好像又买了一辆新车，我还没看过，不过听别人说他的车漂亮极了。彼得是个穷光蛋，你说他在哪里弄的钱呢？会不会是偷的？天啊，如果我们的邻居是小偷，我可要去告诉警察了！"

杰克不屑一顾地说道："你怎么知道人家有没有偷钱？又怎么知

道那车一定是彼得他自己的呢？他跟我说过，那车是他表舅的。"

"什么，他表舅？那个长得很丑的老头？喔，我从来没有见过长得那么丑的人，他简直比怪物还要怪！"

杰克的好心情，一下子就被珍妮破坏了。这女人还是老毛病，总爱唠叨个没完。杰克沉着脸没有说话，珍妮见状，也不高兴了，于是嚷嚷道："怎么，你又嫌我烦了是不是？在家里是这样，出来还是这样，你是不是不喜欢我了？还是你在外面有了其他女人？"

杰克还是没有说话，他的心脏已经快要负荷不了了。现在，他只想找个地方清静清静。

珍妮没有等到杰克的答案，于是便大声嚷嚷："老天，难道你真的喜欢上别人了吗？我和女儿要怎么过啊？想当初你是多么爱我啊，我又没做过对不起你的事，为什么要这样对我呢？早知道是这样，我当初还不如嫁给那个笨蛋卡特了！"

"是啊，我真为卡特感到庆幸，幸好他没有娶你，不然他早被你烦死了！"杰克说完就猛然把车停在了路边，自己打开车门，扬长而去。

唠叨的女人让人厌烦。有时候，女人唠叨的本意是好的，或许是善意提醒，或许是因为爱恋和关心。但是不管怎样，**唠叨是最糟糕的解决问题的方式**。让自己远离唠叨，才能让家庭气氛更加和谐。

|会说话的女人最迷人| COMMUNICATION SKILLS MAKE WOMEN CHARMING

- 女人的美丽不在于外貌、服饰，而在于修养和品行，唠叨是破坏女人美丽的第一杀手。

- 爱唠叨的女人，多半是日常生活中过于闲散的人，因为她们才有足够多的时间，过于关注生活中闲散的事情。

- 开口前先思考自己说出的话是不是有价值。如果毫无意义，那么最好就不要开口。

32 以礼相待，
夫妻两人**更加相爱**

婚姻当中，夫妻关系是一种很奇妙的关系，有时坚如壁垒，有时脆弱如纸。一个懂得说话的女人，是一个良好的管理者，能让婚姻关系更加稳固和谐。俗话说："良言一句三冬暖，恶语伤人六月寒。"说话是一门艺术，在丈夫面前不要失礼数，即使是亲密爱人，也要学习以礼相待。

　　夫妻是世界上最有趣的关系。有时候亲密得像连体婴，有时候又疏远得像陌生人，有时候像是冤家，打打闹闹、争吵个不停，更多时候是亲人，相濡以沫，携手走完漫漫长路。

　　"我能想到最浪漫的事，就是和你一起慢慢变老，直到我们老得哪儿也去不了，你还依然把我当成手心里的宝。"这首歌之所以让人感动，是因为它唱出了每对夫妻的心声。是啊，谁不想和心爱的人一起变老，一起走完这漫漫的风雨人生呢？但事实上，有很多夫妻才刚走到半路，就已经形同陌路。他们会说："我和他没有共同的话题，我们说不下去……""跟他讲话，简直是对牛弹琴……"难道，夫妻之间就不用注重沟通的技巧吗？其实不然。

👄 夫妻之间，礼貌用语少不了

美慧和老公结婚七年了，但是两人依旧和刚结婚时那样温馨甜蜜，让美慧许多朋友和同事都钦羡不已。每次当别人问她婚姻幸福的秘诀时，美慧总会微笑着回答："很简单，把他当自己的朋友，礼貌相待就好了。"别人不解，于是，美慧跟大家说起了刚结婚的一件事。

有一天，老公下班晚了，美慧很生气，破口大骂："怎么那么晚回来？"

老公也不甘示弱："我的事不需要你管！"

美慧还想发作，但极力忍耐下去了。

那天夜里，美慧躺在床上辗转反侧。刚结婚就这样，以后漫长的几十年怎么过！

第二天早上，美慧刚进公司，就发给老公一条简讯："亲爱的，对不起，昨晚是我不好，你那么累，我却没有好好照顾你，反而去责问你，是我不好！"

令美慧没有想到的是，没过多久，老公便回了简讯："该说对不起的是我……"

美慧看到老公的简讯如释重负。谁说夫妻之间不用互相尊重呢？

从此以后，美慧在老公面前再不会破口大骂。当老公提早下班帮她做家事，她会撒娇地说："谢谢老公！"而当美慧工作忙碌，没有时间做晚餐，总不忘跟老公说一句："对不起！"逢年过节老公送礼物给美慧，她总是会说："老公你真好，嫁给你是我最大的幸福！"

老公在美慧的影响下，也学会了夫妻之间说话的礼貌。就这样，两人的甜蜜一直维持了很多年。

在生活当中，我们和朋友相处懂得礼貌，夫妻相处更应该如此。夫妻关系的好坏，直接影响到家庭质量，是家庭幸福与否的关键。有些人认为，既然两人已经结婚了，说话再客客气气、小心翼翼，跟外人有什么区别？事实上，别小看这些小小的礼貌用语，它们是婚姻的润滑剂。**在对方的眼里，一个简单的礼貌用语，代表着你对他的肯定与尊重。**两个人互相尊重、相濡以沫，同甘苦、共患难，这样的家庭怎能不恩爱和谐呢？

💋 相敬如宾，而非相敬如"冰"

兰子是一位心理医生，有一天，诊所里来了一位女士。

这位女士姿态优雅，穿着高贵，但是眉宇间却有难以掩饰的忧愁。这位女士坐下后便开口说道："医生，我和我老公之间不知道到底出了什么事，我们之间彼此尊重，但好像根本没有话题。我想跟他说点心事，可是，他总说我闲得没事做。我工作烦了、累了，找他诉苦，他就说我娇气，不懂得处理人际关系。而他也是把什么事情都放在心里，从来不说心事，以至于到现在，我俩只要一开口，就吵得没完没了。我们曾经多么恩爱啊，怎么成了现在这样呢？"

从医多年，兰子遇到过很多类似的情况，大都是因为夫妻之间无法交流与沟通，引起了夫妻关系的紧张与冷漠。

兰子说："这样的情况，是因为夫妻之间缺乏了有效的沟通与交流，双方之间忘记了理解与尊重。交流并不是一个人的事，要在双方彼此努力的前提下才能进行。要知道，**对方是要和你共度一生的人，心里的话你不告诉他，要告诉谁呢？**两人从认识到结婚，从原本陌生的个体走在一起，少不了磨合，结婚后的漫漫长路更少不了碰碰撞撞。如果不懂得把问题说出来，怎么能让双方走到彼此心里呢？"

兰子说得没错，夫妻之间的感情如何，很大程度上取决于两人的交流与沟通。同处在一个屋檐下的夫妻俩，要同时注重礼貌和理解，才能维持感情。所谓的礼貌，并不只是说两个人凡事都要彬彬有礼，而是懂得尊重对方内心的想法。当丈夫向你倾诉内心的软弱与无力时，不去挖苦和嘲笑对方；当丈夫做错了事情时，不恶语相待。所谓的理解，就是要深入对方的内心世界，了解对方的真实个性和处世观念。就算双方的观念和意见不同，也不要任性争吵，不能一概否定对方，而要懂得包容和理解彼此。除此之外，夫妻双方要相互关心，不仅是在生活方面，还包括内心层面。这样，夫妻双方才不至于没有共同语言。

💋 吵嘴但不吵架，成就美满婚姻

电视台录制《幸福的秘诀》节目，张爷爷和张奶奶应邀来到现场。

当他们出现时，现场所有嘉宾都被感动了。淡蓝色的灯光下，两人携手步履蹒跚地走上舞台，尤其是那满头银白的头发，让现场

许多嘉宾极为震撼。

主持人问："五十年的金婚是很多人都很向往的，我相信这是你们呕心沥血努力而来的。可以告诉我们，你们幸福的秘诀是什么吗？"

张奶奶不善言谈，于是张爷爷开口说道："其实也没什么，少吵架就好了。我们结婚几十年了，也见过身边不少吵吵闹闹的夫妻，有的是愈吵愈好，而有的却成为陌路。所以我就和老婆约定，我们可以吵嘴，但绝对不吵架！"

"不吵架？这怎么可能呢！两个人在一起生活，总难免会有意见不合的时候。你们是怎么办到的？"主持人问。

"男人和女人，就像火星人和水星人，思维、习惯、语言都不相同，不可能一夜之间就能融合成一体。我年轻时脾气急，做事易冲动，老爱发脾气。可是，老伴从来都不跟我计较，说话客客气气，温言软语，很少见她跟我生气，对我就像是对待自己多年的知心好友，照顾我、关心我。久而久之我被她影响了，所以约定**只可以吵嘴，不许吵架。前者是将冲突由大化小，戏谑之中淡化问题。后者是将冲突愈演愈烈，争个你死我活**。在我们家，后者不曾发生过。"

张爷爷说完后，台下沉默了一段时间，随后全场掌声雷动。

男人和女人的思维方式根本上就不同，所以很难真正融合在一起。很多女人都深有体会，老公下班后回到家里，不是对着电脑玩游戏，就是看电视。有的妻子在看到这种情况时，总是喋喋不休："我上班那么累，回家还要照顾长辈和孩子，你倒好，回来什么都不用干，真把自己当太岁爷啊！"可是，做妻子的有没有想过，或许老公上班太累，遇到了心烦的事，正在转移注意力呢！

聪明的女人，从来不会让自己成为战争的导火线。学习在婚姻当中，只可以吵嘴，但不吵架！

| 会说话的女人最迷人 | COMMUNICATION SKILLS MAKE WOMEN CHARMING

- 夫妻关系是一种既复杂又微妙的关系，有时候牢固，有时候脆弱，需要双方做好沟通和交流。

- 夫妻之间，最大的艺术莫过于和对方以礼相待，却又感情深厚，互为一体。

- 以礼相待并不难，只要你愿意为他付出，当对方是自己最亲密的人，愿意和他携手共度风雨人生。

33 不知怎么当妈，就先成为孩子的朋友

> 孩子是上天送给父母的一件作品，还待细心雕琢，而父母要终其一生的时间为这件作品奔波劳碌。在这个过程中，母亲对孩子的影响是至为重要的。做母亲的要时时刻刻注意自己的言行举止，因为她所说的每一句话，都会影响孩子往后的整个人生。

教育孩子，有这样一句经典名言："好孩子是教出来的，坏孩子也是教出来的。"可见，教育对孩子的意义重大。

父母是孩子的第一任老师，一个良好的家庭教育，对一个孩子的成长是至关重要的。孩子的思想行为、品性习惯，很大程度上都和自己的父母有关，尤其是受到母亲的影响更深。从另外一个角度来讲，孩子就是妈妈的影子，**妈妈的高度决定着孩子以后的人生，妈妈的言传身教将会伴随孩子的终身**。所以，对于一个母亲来讲，最重要的任务，就是为孩子做一个榜样，教他做人，给他正确积极的引导。

💋 你说的每一句话，都影响孩子到大

淑芬大学毕业后，男友阿雄带她回家见自己的父母。从见到淑芬的第一眼起，阿雄的母亲便觉得淑芬是个与众不同的女孩，她的身上有一种特殊的气质，虽然长相平平，但是身上洋溢着文静的气质，让人过目不忘。阿雄的母亲没有看错，经过一整天的相处，她愈来愈喜欢淑芬，认为淑芬说话得体，彬彬有礼，言谈有物，举止间流露着一股优雅与高贵。这样的女孩如果能成为媳妇，那真是太好了！

不只第一次见到淑芬的人觉得如此，包括她身边的朋友也都这样认为。每一个和淑芬相处过的人，都会觉得淑芬是个极其优秀的女孩。她安静内敛，聪明有余，却从来都不像别的女孩那样叽叽喳喳。

淑芬说："我想我是受到我妈妈的影响，她的言行身教一直都影响着我。她才是一位真正美丽高雅的女性。从来都不会听到她大声说话，也没见过她和别人争吵过。妈妈从小就告诉我，女孩是水做的，要做一个像水一样的女孩。因为水够大度，能够包容万物，所以她从不让我与人争吵。妈妈也说，遇到事情不能着急，要先冷静下来，仔细思考，用智慧去解决，说正确的话。她还教育我做一个诚实的人。我们家族人口众多，爸爸又去世得早，所以平时妈妈难免要受别人的气。但是她从来都没有与人争辩过，不管遇见什么事情，她的脸上向来都是挂着微笑，那样娴静又美丽。"

每个孩子都是一张白纸，从出生的那一刻起，他周围的一切就充满了各种颜色的画笔。而孩子所受的教育就是画笔的颜色，你若

替他涂上乱七八糟的杂色，那么他就很难保持纯净。因此，一个负责任的母亲教给孩子的都是正确的观念，也明白**所说出的话，会深植在孩子的心里，影响他往后的人生。**

灌输孩子正确的价值观

迪迪有一个让人羡慕的家庭：她的爸爸是一位成功的商人，母亲是一位中学校长。再加上迪迪从小就很聪明，优越的家庭条件加上良好的教育，使得迪迪在别人的羡慕与称赞声中长大。

父母在迪迪很小的时候就对她寄予了很大的希望，他们希望自己的女儿将来长大之后是一个品学兼优的孩子，因此对她的成长十分重视。

迪迪慢慢地长大，愈来愈容易发现周围人异样的眼光，这些异样眼光大多数来自于班级里的女孩子。或许是出于羡慕，或许是出于嫉妒，她们经常当着迪迪的面骂她虚伪，甚至还当着全班同学的面欺负她。

善良的迪迪不知道自己做错了什么，可是她又不敢告诉自己的父母，因为那些女孩子曾经警告过她："如果你敢告状，就会让你很难看！"

迪迪终日为此闷闷不乐、胆战心惊，甚至开始不愿意去学校。迪迪的母亲终于发现了孩子的异样，经过一番仔细地询问，她才知道事情的原委。

"妈妈，是我不好吗？你们从小就教育我要善良，不要和别人争吵，可是，我不知道我到底做错了什么……妈妈，难道你教给我的都是假的吗？"

妈妈看着迪迪的眼睛，告诉她："孩子，如果你在心里种下一片阳光，那么，以后你的人生路都会是光明和灿烂的。相反地，如果你在心里留下黑暗，你的这一生，将难见光明。天空中难免有乌云，不要让暂时的黑暗影响你一生的阳光啊！"

母亲的话深深地烙印在迪迪的心里，面对同学的攻击，迪迪始终平静地面对，以德报怨。最终，她成功地赢得了同学们的喜爱。

在孩子的成长过程中，价值观是很重要的，唯有正确的价值观，才能引导孩子走向光明和坦途，成就孩子完美和幸福的人生。因此，母亲在教导孩子的过程中，要时时刻刻注意自己的思想与行为，**传递孩子真善美的价值观**，这样才会在孩子的心里形成是非美丑的标准，时间久了，孩子自然知道自己该做什么，不该做什么。

🫦 告诉孩子，光明远大于黑暗

著名的巴西前总统卢拉被人认为是世界上出身最低微的总统，但他却像阳光和河流般给人温暖与清澈的感觉。

"'不要想这个世上有多肮脏和黑暗，重要的是心存美好，抱着一颗友爱、信任的心去面对别人，你也会获得友爱和信任。'母亲的话影响了我一生。"卢拉在 2005 年母亲节那天发表电视演说时说道。

小时候卢拉家里非常贫困，他生活的小区附近，有一个富人生

活小区，小区里有一片美丽的草坪，每天都会有很多富人的孩子在里面踢足球。卢拉见到他们欢跃的身影非常羡慕，心里想着：如果有一天我也能和他们一起踢球，该有多好！

这天，卢拉和往常一样，正在痴痴地看着他们踢球。这时，那群富人孩子对着他喊道："来和我们一起玩啊！"

卢拉听了感到非常害怕，他害怕那些富孩子看不起他这个穷孩子，觉得那些孩子是在假意邀请自己，如果他进去了，他们一定会嘲笑他的贫穷，然后借机挖苦他。于是，卢拉转身跑开了。

回到家里，妈妈见他一脸惊慌失措，便问他怎么回事。听完卢拉的话，妈妈问道："他们欺负过你吗？"卢拉摇了摇头。

"他们嘲笑过你吗？"卢拉又摇了摇头。

"那你为什么要说他们看不起你呢？别总在心里想着人的坏与可怕。鼓起勇气加入他们，你会发现，他们也和你一样可爱和友好，而且你也不比他们缺少什么啊！"

听完母亲的话，卢拉走向草坪，加入了那群富孩子的队伍。很快地，他们便成为了好朋友。

父母是孩子的第一任老师。若是教导孩子节俭，孩子便拒绝奢华；教导孩子礼节，孩子便谦虚不傲；教导孩子坚强，孩子便不会怯懦；教导孩子善良，孩子便会有一颗悲天悯人的心灵。

母亲会影响孩子一生，**好的身教言教会替孩子的成长带来很大的益处，给了孩子成长当中所需要的信心、希望和勇气。**身为一位称职的妈妈，一定要注意自己的言行，教导孩子正确的为人处世道理，孩子的未来才会灿烂光明。

|会说话的女人最迷人| COMMUNICATION SKILLS
MAKE WOMEN CHARMING

- 家庭教育对孩子的成长来说是十分重要的，良好的身教言教可以帮助孩子成长。

- 母亲对孩子的影响尤其大，母亲的言谈与行为将会深深影响孩子，母亲说过的话会深深烙印在孩子脑里。

- 在孩子的眼里，母亲是最美丽的天使，母亲传授孩子正面的价值观，孩子会受用一辈子。

母亲言行举止会影响孩子的一生，
良好的身教可以帮助孩子自信成长，
建立孩子对生活的希望和勇气。

34 大声地告诉父母 "我爱你"

七岁时，她常跟妈妈说："妈，我爱你。"十八岁时，她老说："妈，我已经长大了！"三十岁时，她说："妈，你烦不烦啊！"而现在五十岁的她，只想跟妈妈说一声："妈，我好想你！"把爱常挂嘴边，珍惜与父母相处的每一天，才不会后悔。

有人说，做人难，做个好女人更难。这是因为女人没结婚之前，是父母身边的掌上明珠，是父母贴心的小宝贝，然而女儿总会长大，她们工作、结婚之后有了自己的生活，有一天，父母会发现，女儿回家的时间愈来愈少了。而对于她们，父母同样是心头最柔软的牵挂。在漫长的岁月里，父母倾尽所有将自己养育成人，现在，自己长大了，父母却老了，想要为他们尽点孝道时，却发现有点力不从心了，因为自己的工作和新生活已经占据了大部分的时间。

身为人妻、人母，该怎样对待自己的父母呢？

大声跟爸妈说 "我爱你"

兰馨结婚后，就随着老公从花莲来到高雄生活。现在，35 岁的她已经身为人母，是一个三岁女孩的妈妈。自从来到高雄后，兰馨觉得自己的生活重点就转移到了工作、孩子和老公身上，整天忙碌个不停，甚至在这两三年，她都没有什么机会回家探望自己的父母。

直到有一天，女儿的一句话浇醒了兰馨。

那天兰馨正在煮饭，女儿在客厅玩。透过厨房的玻璃，兰馨看到三岁的女儿正坐在地上玩积木，忽然积木倒了，女儿上前去捡，却一不小心跌坐在地上。兰馨见状立刻上前把女儿扶了起来，顺便整理一下女儿凌乱的头发。等到她准备离开时，女儿却一下子抱住了兰馨的脖子，对她说道："妈妈，我爱你！"

兰馨一下子愣在那里。曾几何时，她也这样跟自己的父母讲过，可是现在呢，自己已经有多久没有回家看望自己的父母了？家里有什么变化，父母的身体都还好吗？兰馨对父母的印象愈来愈淡，最深刻的竟然是出嫁时母亲偷偷抹泪的情景。

想到这里，兰馨的心无限酸楚。于是，她快速地走到电话机旁拨通了电话，哽咽地说道："妈，我想回家了！"而电话那头的母亲，也早已泪流满面。

结了婚之后，我们才知道做父母的不易，但也正是此时，我们最容易因为忙碌而忽视自己的父母。偏偏在这个时候，也正是父母最需要我们的时候。

天下最难做的职业就是母亲，这个道理只有当女性在成为母亲的那一刻才会明白。很多时候，我们无法像在成家之前那样，可以整日陪在父母身边，所能做的只有在逢年过节的时候，带伴手礼回家，陪父母吃顿饭。

然而，有一类女性却是截然不同的。就算她们的生活再忙碌，也不会忽略自己的父母，即使不能常回家看看，她们也会拿起电话向父母嘘寒问暖，时时刻刻关心着父母。这样的女儿是父母永远贴心的暖暖包，即使女儿成了别人家的儿媳妇、别人的妻子、别人的母亲，他们也不会担心。因为，女儿时时刻刻就像在他们身边。

常常打电话，说你很想家

小叶结婚后，觉得离自己的父母愈来愈远了。虽然她的家离父母的家不是很远，可是平时小叶的工作较忙，她只能在逢年过节的时候，偶尔回去一趟。每次回家，小叶总觉得和父母相聚的时间是那么短，都还没有说几句话就要离开了。

现在，小叶多了个母亲的身份，日子更忙碌了。可是，小叶愈来愈怀念以前没有结婚的日子。那时候，小叶每天都能吃到父母亲自煮的饭菜，陪父母聊天。可是现在和父母的说话时间愈来愈少，这让小叶很苦恼。

这天是小叶三十岁的生日，一大清早，小叶就收到了母亲的电话。电话那边，母亲嘱咐小叶要多注意休息，多穿衣，少生气，锻炼身体……那语气，简直像小叶还没结婚一样。母亲的话还没有说完，电话旁的小叶早已泪流满面。

小叶哽咽地说道："妈，对不起，结了婚后没有多照顾你们，还

要你们老惦记我。"

母亲在电话那边说道："孩子大了，总要有自己的生活，哪能陪我们一辈子。你能经常打电话回家里，逢年过节的时候回来陪我们简单吃顿饭，对我们来讲，就已经足够了。只要你有心，我们也就别无所求了！"

母亲的一番话让小叶释怀，原来，父母的期盼不过如此简单啊！

幸福的涵义，在不同的人眼里，总是不尽相同。然而在父母的眼里，幸福往往很简单，只要儿女三不五时地关心，就觉得心满意足了。

小时候，父母为了孩子辛勤操劳，再苦再累，在他们眼里都是值得的。孩子长大后，对于父母来说，最幸福的事情莫过于忙碌的一天过后，孩子能陪着自己简单地吃顿饭，聊聊天。可是，在成家之后，很多子女就不再有那么多的时间回家陪伴自己的父母了。记得拿起手中的电话，常常打电话给父母，告诉他们，你很想家！

嫁做人妻，更爱说贴心话

美玲的父母这辈子最得意的事情，就是生养了美玲这样一个女儿。

"以前总说，嫁出去的女儿是泼出去的水，可是，我们家的美玲就不同。"

美玲的父母逢人就这样说。

"是啊，你们家的美玲真是贴心，从来都没有见过这样孝顺的孩子，都结婚了，还这么照顾自己的爸妈，常常回来跟你们抬杠，真是难得啊！"美玲家的邻居也这样夸赞道。

美玲今年四十多岁了，结婚十几年来，从来没有忽视过自己的父母，这让美玲的父母十分欣慰。只要美玲有空，就会回家陪父母聊天，说说贴心话。聊工作、聊家庭、聊小孩……父母一些过来人的经验，也让她收获匪浅。

美玲说，要做个好女人并不难，但孝顺永远是最重要的。美玲小时候有一个很要好的玩伴，叫做小花，两个人一起长大，形影不离。她比美玲大五岁，后来，小花远嫁到其他地方，从此以后，美玲便很少见到她。

小花的父母只有她一个女儿，自从她结婚之后，两个老人就失去了很多快乐。每次看到别家的孩子和父母在一起吃饭、说话，小花的父母便特别羡慕。这些都被年轻的美玲看在眼里，从那时起，她便暗下决心，如果有一天自己结婚了，也要常回来看看自己的父母，陪他们说说话。

孝顺的女人最懂得父母的心，她们理解做父母的辛苦，明白父母心里的小小盼望。因此，她们会站在父母的角度，思考他们最需要的是什么。

其实，对于父母来讲，孝顺并不是你每个月寄给他们多少钱，每年送他们多少名贵的礼物。**往往只是一句简单的问候，抑或是日常生活中的嘘寒问暖，就能让父母心满意足。**

多跟父母说说贴心话。刚开始可能会有点害羞，可是久了，这些真挚的关心和情感，会让父母亲感到欣慰满足，觉得有你这个女儿，真好!

| 会说话的女人最迷人 | COMMUNICATION SKILLS MAKE WOMEN CHARMING

- 结婚之后的女人，依然可以继续做父母贴心的暖暖包。

- 女人在结婚之后，常常会因为琐碎的工作和生活而筋疲力尽。虽然不能像以前那样经常回家探望父母，但是别忘了时常打电话关心他们。

- 结婚之后更要懂得孝顺自己的父母，将爱说出口，因为这个时候的他们，更需要你。

 35 搞定婆婆，
你就是家里的女王

有人说，婆媳关系是天底下最难处理的关系。很多妈妈在女儿选择结婚对象的时候，也会告诫自己的女儿，除了要找一个好老公之外，还要观察看看对方的妈妈。婆媳关系真的那么可怕吗？其实，并非如此。懂得和婆婆沟通，婚姻生活就会相对轻松。

婆婆和媳妇之间的关系，是一种很微妙的关系。原本两个不相干的女人，因为同一个男人而走在一起。婆媳关系处理好了，两人就会亲如母女。处理不好，会让老公夹在其中，左右为难，严重者可能还会导致一桩婚姻的破裂。

其实，和婆婆相处并不难，只要两个人能够看得顺眼就行了。另外，还要听得顺耳。聪明的女人，在婆婆面前说话要注意分寸，懂得用自己真诚、智慧的话语打开婆婆的心扉，从而也为自己打开一桩美满幸福的婚姻。

🌸 不与婆婆针锋相对

小溪和阿正马上要结婚了。这天晚上，阿正带着小溪回家，结

果却发生了一件让小溪觉得很不痛快的事。

吃饭的时候，他们提到了结婚以后的事情。本来，阿正和小溪都决定了结婚后准备自己出去开一家小店，不和阿正的父母住在一起。可是还没等他们开口，阿正的母亲便说道，她和阿正的爸爸已经老了，希望他们结婚后不要离家太远，最好是住在家里，这样一家人也好有个照应。

小溪是个独立的女孩，她很希望自己和阿正可以闯出一番属于自己的事业，而不是像一些女孩一样，结了婚之后便放弃了自己的人生。于是，小溪委婉地说道："伯母，我和阿正还年轻，我们打算在结婚后出去闯荡一番自己的事业……"

还没等小溪说完，阿正的母亲就沉下了脸。小溪见状知道自己说错了话，她赶紧改口道："伯母，虽然我和阿正都知道外面可能会发展得很好，但是您和伯父就阿正一个孩子，我们也舍不得你们。所以先在家里住也蛮好的，我和阿正是不会急着搬出去的。"

小溪刚说完，阿正的母亲脸就红了。她说道："年轻人有想法很好，你们的事，自己做主吧，只要你们在一起开心就好了！"

宽容与忍让，是人际来往中最好的润滑剂。这个道理放在婆媳关系中也同样适用。其实，婆婆和媳妇之所以难相处，就是因为两个人思维、习惯的不同，本来婆婆和媳妇就是两个不相干的陌生人，只是因为同一个男人而走到一起，因此难免会有一些矛盾和摩擦。这时候，做媳妇的如果不懂得宽容和忍让，而一味地与婆婆针锋相对，这样只会让婆媳关系更加紧张。

也许有人会说，忍让是懦弱的体现，其实并非如此。有理，走遍天下都不怕，只要媳妇的要求是正确的、合理的，做婆婆的总会理解。等到她明白的时候，她自然会放下自己的面子，尊重孩子自己的选择。毕竟，要和儿子生活在一起的是媳妇，而不是她，干涉太多又有什么用呢？

💋 放下公主姿态，对婆婆敞开胸怀

晨晨的老公是个极其孝顺的孩子，结婚后他把自己的母亲从乡村接到了都市里。

晨晨是都市里长大的独生女，她和婆婆两个人的生活习惯，有着很大的不同，这让晨晨很不习惯。例如，晨晨早上喜欢赖床，可是天刚亮婆婆就会起床做好饭，还一定要喊她起来吃早餐；晨晨喜欢吃面，可是婆婆却偏好米食；婆婆用不惯洗衣机，每次洗衣服的时候，总是差点儿把洗衣机给弄坏……

新婚的甜蜜，因为婆婆的到来而消失殆尽。可是晨晨是个温顺的女孩，况且她又很爱自己的老公，如果直接指责婆婆，肯定会很尴尬，搞不好老公也会数落她的不是。

几番思虑之下，晨晨发现婆婆并非是一个难相处的人，最大的问题在于她不习惯都市里的生活习惯。婆婆为人勤快，自从婆婆来到家里后，自己就很少进厨房了。好歹婆婆也是长辈，能做饭给自己吃，晨晨已经很感动了！

第二天早上，婆婆起床后，晨晨也早早地起来，走到厨房里对婆婆说道："妈，真过意不去，让您天天替我们做饭，我这个做媳妇的真不懂事！"

晨晨刚说完，婆婆也不好意思地说道："其实，我也有不好的地方。都市里的好多东西我都用不习惯，又不知道怎么开口问，好几次差点儿把洗衣机弄坏……"

听婆婆这样讲，晨晨倒吸了一口气，幸好当初没有莽撞，不然真会伤了她们的婆媳关系！

婆媳关系之所以难处理，最大的原因还是在于媳妇。出嫁前，女儿可以在家里无拘无束，结婚后来到婆婆家就不同了。先不说婆婆以及家人如何看你，连邻居都会关注做媳妇的怎么样，媳妇做得好，街坊邻居也争相称赞；做得不好，大概方圆十里都会知道这个家里娶了个不孝媳妇。因此，做媳妇的怎么能怠慢呢？

因此，来到婆婆家，媳妇首先要做的是正确认识自己的位置。如今已是为人妻、为人媳，就该承担起一定的责任。和婆婆保持沟通，主动帮助婆婆操持家务，勤劳做事、孝顺长辈。如果能做到这一点，婆婆自然也不会挑剔了。

💋 和婆婆讲话，态度一定要真诚

佩佩和大伟结婚后一直住在外面，只有周末的时候和老公回家吃顿饭。

这天又是周末，佩佩刚端起碗筷，婆婆就嘀咕道："大伟最近怎么回事啊？变得那么瘦，都过了一个月了，怎么还没有胖起来？你们平时是不是都没有好好吃饭，还是你工作忙，所以没有时间做饭？"

婆婆的话让佩佩听着很刺耳，婆婆摆明是在指责她没有把老公照顾好。佩佩觉得很委屈，自己又没有偷懒，照顾老公尽心尽责，作为妻子，佩佩觉得自己问心无愧。很明显，婆婆这是在无理取闹。

不过，佩佩也知道婆婆的脾气很古怪。她极力压住自己的脾气说道："妈，都是我不好，我一定把大伟养得白白胖胖的，让您老人家满意！"

一个星期过后，佩佩刚进婆婆家大门，就连忙拉过大伟说道："妈，你看，上次回家后，我每天都替大伟做很多好吃的。天天炖鸡炖鸭，早上还逼着他喝牛奶、吃鸡蛋。可是，我也不知道怎么回事，大伟还是胖不了，这下我可真的没办法了！"

佩佩说完，婆婆脸上露出满意的微笑。

佩佩是个聪明的女人，她在面对婆婆的无故指责时，非但没有生气，反而是静下心来，寻找解决问题的办法。她顺着婆婆的话去做，并且再次见到婆婆时，也将话题专注在婆婆在意的事情——大伟的胖瘦上，真诚地和婆婆交流。

婆婆和媳妇总是相见好、相处难，因此，才会有那么多的矛盾和隔阂。这时候，若想要双方相处得愉快，肯定要有一方做出让步。

人与人，最难得的莫过于真诚，婆媳关系也是如此。婆婆和媳

妇若是想要相处得愉快，就必须秉持着真诚的态度去接纳对方。要想别人如何待你，首先你要如何对待别人。有了真诚，你才有智慧去化解误会或委屈，减少婆媳关系中的矛盾。时间久了，婆婆最终会因为你的真诚而接纳你。

| 会说话的女人最迷人 | COMMUNICATION SKILLS
MAKE WOMEN CHARMING

- 和婆婆讲话的时候，千万要冷静，即使两人的意见有分歧，也不可以与婆婆正面交锋。

- 和婆婆相处，尊重与理解是基本前提。与婆婆说话的时候，一定要先照顾好婆婆的心情，只有这样，婆婆才愿意真心接纳你。

- 在婆婆面前一定要嘴甜，不要拿婆婆当外人，这样婆媳之间的隔阂才会减小。

36 豆腐嘴的女人更讨喜

很多人都说，刀子嘴、豆腐心的女人最真诚，因为这样的女人表面上很凶，其实心地善良。但是，刀子嘴、豆腐心并不适用每个家庭。当女人的刀子嘴成为一种习惯时，有可能会对自己的婚姻不利。更多时候，豆腐嘴更能让家庭和谐。

刀子嘴、豆腐心，是说一个人说话时尖酸刻薄，嘴巴不饶人，但是心眼并不坏。生活中有很多这样的女性，她们在表达自己的思想时，总是心口不一。例如，她们明明很爱对方，却偏偏来一句"我才不喜欢你"，明明很在乎某件事，却在表面上装作不屑一顾。

女人的这种口是心非，让很多男人都束手无策，他们不知道女人真正的想法是什么。遇见这种情况，脾气好的男人会耐下心来去猜测她的心意，猜对了两人皆大欢喜，猜错了大不了继续猜。可是，当刀子嘴的女人，遇见同样是刀子嘴的男人时，麻烦就来了。他们不会去猜女人的心思，女人说什么就是什么。这时候，如果女人再不收敛自己的刀子嘴，那么就会造成两败俱伤的结果。

💋 留意刀子嘴，伤人也伤己

男孩和女孩在一起五年了，结婚前，男孩为了让女孩过得更好，一个人来到了都市，希望赚到足够的结婚基金，风风光光地回到家里和女孩成亲。

男孩刚走的那段时间，两人经常电话聊天。他们聊聊身边的故事，说着对彼此的思念，偶尔还会憧憬未来日子里两个人的生活。虽然男孩不在身边，但女孩还是觉得自己是天底下最幸福的女人。

这样的日子过了两年。两年后，男孩的消息愈来愈少，开始女孩以为男孩忙，所以也就没有多想。直至后来，男孩音讯全无，她的心里才愈来愈不踏实。她不知道怎么回事，难道是男孩已经移情别恋，不喜欢自己了吗？女孩终日被这个坏念头缠绕着。

终于有一天，男孩回来了。他原以为女孩见到他会很开心，可是令他没有想到的是，女孩只淡淡地说了句："你走吧，我已经不喜欢你了！"

男孩信以为真，他不知道该怎么跟女孩解释。这两年，他一个人在外面吃了很多苦。男孩都没有告诉女孩，他一个人在城里的辛苦、挨饿、被骗，这一切都很值得。现在他成功了，女孩却不喜欢他了……

男孩站在那里不知所措，直到女孩转身，男孩看到了女孩脸上挂着的眼泪，男孩才明白女孩原来口是心非。

刀子嘴的女人最容易让人误会，因为她们隐藏了自己内心真实的想法，可是这样的结果，往往容易伤了别人也伤了自己。

人在生气或者愤怒的时候，难免会说出一些言不由衷的话，这些话往往不是女人心里真正的想法，而且很多时候，这些话里带有一点的攻击意味。**刀子嘴就像是一颗炸弹，即使是颗假炸弹，也难免会让人提心吊胆。**

人的感情有时候是很脆弱的，尤其是在面对自己爱人的时候，往往是爱得愈深，愈不知道该如何表达，有时一味地使小性子，说一些连自己都无法控制的话。话一出口，说者无心，听者有意，想要再去挽回时，一切都已经晚了。

💋 冲动的话，是婚姻的可怕杀手

佳佳和老公是大学同学，两个人毕业后一起在都市里打拼，虽然很辛苦，但是两个人的感情很好，所以佳佳觉得很幸福。

多年以后，两个人的生活渐渐有了起色。老公自己成立了一家公司，他们也有了自己的孩子。佳佳干脆辞了工作，安心地在家里做起了家庭主妇，相夫教子。

别人告诉佳佳，要看好自己的老公，可是，佳佳总是微微一笑，从来没有把这些话放在心上。

直到有一天，佳佳偶尔发现了老公的手机，上面有一条这样的简讯："我很想你……"

佳佳看后顿觉天旋地转。

第二天早上，佳佳很早就起床做好了早餐。早餐过后，佳佳跟

老公提议："亲爱的，我们很久没有一起出去逛逛了，今天天气不错，我们出去走走吧！"

老公没有拒绝佳佳的请求。

愉快的一天很快过去。晚饭后，佳佳示意老公坐下。老公正郁闷着佳佳葫芦里卖的什么药，只听佳佳说道："亲爱的，谢谢你这么多年来一直陪着我，和你在一起，我也很幸福。但是现在，你另外有了喜欢的人，我想我们还是和平分手的好。我会永远祝你幸福！"

佳佳的老公愈听愈糊涂，他终于忍不住问道："佳佳，到底怎么回事啊？"

最后，佳佳终于说出了昨晚看到的那条简讯。

老公听完，哭笑不得。原来那条简讯，只是他一个多年未见的男同学发来的。尽管如此，老公还是从佳佳的身上看到了她的深情与大度宽容。

相信有很多女人在遇见佳佳那样的事情时，都会大发雷霆，先去找老公理论一番，然后大吵大闹。这样不但不利于事情的解决，还会使自己在老公心目中的形象大打折扣。

有一名作家曾经这样说过："婚姻是否美满，有时候取决于男女双方的婚姻语言优劣。"也就是说，**婚姻是否美满，和两个人的语言是密不可分的。**男人和女人是两种不同的动物，男性以阳刚为美，女性以阴柔为美，没有哪个男人会欣赏尖酸刻薄、不讲道理的女性。以柔克刚，才是征服男人最厉害的武器。

嘴甜心软，赢得众人赞扬

琳琳和媛媛是一对双胞胎姐妹。两个人的长相都很出众，姐姐琳琳喜欢读书写作，写得一手好文章，经常在报上发表文章；妹妹媛媛能歌善舞，画得一手好画。可奇怪的是，媛媛却没有琳琳受欢迎。就连她们的家人和老师也觉得，媛媛不是一个讨人喜欢的孩子。从小到大无论琳琳走到哪里，总会有亲朋好友争相称赞，说她懂事乖巧，可媛媛就没有这种待遇了。

原来，这是因为姐姐琳琳性格爽朗，待人真诚热情，嘴甜心软，不管与任何人相处，总是笑盈盈的。而妹妹媛媛却不同，她对人的态度总是冷冰冰，和别人说话也是毫不留情，有话直说，所以一般人都很难和她相处。

后来，琳琳和媛媛都工作结婚了，两个人的人生境遇也大不相同。姐姐琳琳家庭幸福，老公很疼爱她，还有一个可爱的儿子，看上去似乎意气风发，美丽动人。而媛媛不管是工作还是家庭，都是平平淡淡的。姐妹的差距愈来愈大，甚至有一次两个人一起出门，别人还指着媛媛问琳琳："你姐姐是不是比你大十几岁啊？"

事实证明，现实生活中那些没有棱角的女人，更容易受人欢迎。豆腐嘴的女人就像一个太阳，走到哪里都能让人感觉暖暖的。而她们在给予别人光和热的时候，也吸收了别人给她的能量。所以，她们的光芒才会像夏日的骄阳，永远都那样光亮明媚。

而刀子嘴的女人却不同，她们会把自己的感情深深隐藏，很难让别人感受到她的温暖和阳光，所以别人会对她敬而远之。与豆腐

嘴的女人相比，她们没有享受到众星拱月般的尊敬与爱戴。所以，她没有太多的光和热去浇灌自己，慢慢地，她们的内心里便会积累下自卑、孤僻、多疑等不良的因素。久而久之，她身上的美丽便会日益减少。

| 会说话的女人最迷人 | COMMUNICATION SKILLS MAKE WOMEN CHARMING

- 夫妻沟通的关键，在于要及时说出自己内心最真实的想法。即使很生气，也不要口无遮拦地说出伤害感情的话。

- 豆腐嘴比刀子嘴更能说服人心，可以使自己与他人的交谈有着融洽的气氛，维持一个家的气氛和睦。

- 说话真诚、没有棱角，赢得他人的喜爱之余，也能为自己开启幸福之路。

37 说话**得体又有礼**，让你**更得长辈缘**

我们从小就接受了这样的教育：看见长辈要问好，长辈的教导要记牢。对长辈的尊敬与否，体现着一个人修养的高低。尊敬长辈可以体现在语言与行为两方面。如果一个女人连最起码的语言尊敬都没有，那么你还指望她在行为上有什么体现呢？

尊敬是人与人之间相处的根本，在长辈面前尤其如此。唯有你尊敬了别人，别人才会尊敬你。有一句话说："爱亲者，不敢恶于人；敬亲者，不敢慢于人。"敬是孝的基础，孝是一切美德的根源。因此，我们要懂得尊敬长辈。

一个女人的名声，不是一朝一夕就能积累起来的，要了解一个女人，首先要看她周围人对她的评价。在这些人当中，长辈的眼光是最犀利的，一个懂得尊敬长辈的女人，绝对会深受他们的喜欢。所以，若想成为一个优秀的女人，就要先从尊敬长辈开始做起！

嘴甜的女孩得人爱

雅君和大伟正在热恋，可是，大伟的妈妈一直反对两个人交往。

大伟的妈妈说："我们家是世家，又是书香门第，在当地也算是有头有脸的人。我和你爸爸就你一个孩子，那么大的家业以后还要你来管。雅君她是小户人家的孩子，这样的女子不够大器，怎么能做我们家的媳妇呢？"

大伟听完之后很生气，他说："妈，雅君不是你想的那样，她是一个很好的女孩子。小户人家又怎么了，想当初你还不是从农村出来的！"

大伟的话让他的妈妈没有反驳的余地。于是，她只好同意让大伟先带雅君来家里做客。

大伟的妈妈见到雅君后，感到很惊讶。儿子说的没错，虽然雅君是小户人家的女儿，可是她说话彬彬有礼，待人接物优雅从容，尤其是在长辈面前，更是礼貌有加。

"阿姨您好，第一次来你们家，也不知道您爱吃什么。大伟说您经常走路，所以我就给您带了足浴盆，也不知道您喜欢不喜欢。"一句话说得大伟妈妈心里暖洋洋的，对雅君的印象立即加分。

大伟还有一个奶奶，雅君一见到她，就上去拉住她的手热切说道："奶奶，您身体还好吗，要不要我陪您出去晒晒太阳？"

"怎么样，妈，我早就说过了雅君是个不错的女孩。虽然她的家世普通，不如我们家殷实，但是她的气质一点都不比那些大家闺秀差。"大伟说。

妈妈也开心地说道："是啊，雅君这女孩真是不错，对待老人也很尊敬，仪态大方。妈以后不反对你们交往了！"

身边曾有男性朋友，带女朋友去未来的公婆家做客，但女孩不仅言语无礼，还对公婆呼来喝去。最后公婆实在忍无可忍，说道："你以后再也不要踏进我家的大门！"虽然那个女孩长得很漂亮，家庭背景也很好，可是母亲还是坚决反对自己的儿子与她交往。由此可见，尊敬长辈对一个女孩来说有多么重要。

一个女孩可以长得不美丽，但是不能不懂礼貌，尤其是在长辈面前。如果对长辈说话无礼，那么即使这个女孩家世再好，也不会有人想把她"套牢"。

别用火星文，让长辈听懂你的话

春节到了，美林一家人照例去外婆家吃饭，在外婆家见到了小侄女丽珠。美林很开心，她看着丽珠长大，两个人感情很好，在一起总有说不完的话。后来丽珠高中毕业后去了美国，两个人已经有好多年没有见面了，没想到这次在外婆家见到了她。

"丽珠，见到你我真的很开心！"美林上前热切地拉住了丽珠的手。

没想到丽珠一下子甩开了美林的手，冷冷说道："不至于吧，也就好几年没见面，You know."

丽珠的态度让美林诧异极了！

"丽珠，你怎么这样跟你姑姑说话呢！"丽珠的母亲见状说道。

"美林，你不要放在心上。丽珠独自在国外待了几年，有点不懂事，跟谁讲话都是这个样子，一点礼貌都没有。"

　　果然就像丽珠母亲说的那样，吃饭的时候，丽珠的态度更让人觉得不可思议。外婆都还没有坐下，丽珠便当着所有人的面一屁股坐在椅子上。

　　"丽珠，怎么那么不懂事呢，外婆都还没坐下呢！"丽珠的妈妈赶紧制止她。然后，丽珠才很不情愿地起来了。

　　因为她刚从美国回来，外婆也有很长一段时间没见过她了，席间外婆问她："丽珠啊，在国外待得还习惯吗，那里的饮食合不合你的口味啊？"

　　"Just ok. 还可以，习惯了就好了。"丽珠边嚼着鸡爪边说道。

　　"丽珠啊，如果有什么困难，记得跟外婆说啊。"外婆说道。

　　"That's enough! 吃饭了说这些干吗啊，我哪会有什么困难！"

　　丽珠的妈妈终于忍无可忍，大声说道："丽珠，马上回家去！"

　　与长辈说话，一定要有恭敬之心，并且使用长辈了解的语言。在长辈面前的态度，也反映了一个人的家庭教养。简单来说，一个女孩在外面彬彬有礼，人家同时也会赞叹她父母的教育之道；相反地，一个女孩傲慢无礼，在长辈面前说话造次，通常别人的第一个反应会是：这女孩的爸妈是怎么教她的！

💋 顶嘴是最糟糕无用的沟通方式

　　馨予是电台里的热线主持人，她主持的节目，主要是探讨家庭方面的议题。这天馨予正在做节目，忽然电话响了，导播把电话转接进来，电话接通后是一个女人的声音，这个女人哭着说道："主持人，我都不知道该怎么办了。我女儿今年都上大学了，可是我还是教不好她！她经常跟我顶嘴，我说东她偏向西，常常把我气得胃痛。"

"怎么回事呢，可不可以说得详细一点？"馨予温柔地说道。

原来，这位母亲有一个很不听话的女儿，经常和她顶嘴。就像早上起风，她跟女儿说要穿得厚一点，可是女儿偏不听。母亲急了，说了她两句，结果两个人当场吵了起来。

"我们邻居也有一个一样大的女儿，那个女孩真的很懂事，我从来都没有见过她大声和自己的父母说话过，和父母顶嘴更是少见。我不知道我的女儿怎么了，是我的教育方法不对吗？我真的是为了她好，我真的希望我的女儿乖巧一点……"这位母亲几乎带着哭腔说道。

很多人都认为，父母是和自己关系很亲近的人，在他们面前可以不必假惺惺，任何喜、怒、哀、乐都是正常的反应，高兴了就笑，害怕了就说，不高兴就不要隐藏。在长辈面前顶嘴没什么不对，每个人都有发表自己意见的权利。更何况，有时候确实是他们的不对，我凭什么不能发表自己的意见？

的确，长辈和晚辈之间，因为年代不同，在生活方式与观念上难免会发生冲突。但即使他们再不对，也不要和他们顶嘴，这样是很不尊重他们的行为。

我们常说，姜还是老的辣。长辈是过来人，他们的经验和智慧，值得我们晚辈去学习。因此，当晚辈与长辈发生冲突时，晚辈不妨先冷静下来，仔细听听他们的意见。即使他们的意见实在不对，也要冷静下来，和他们好好地说话。**顶嘴是最幼稚的行为，只有不成熟的人才会那样做。**

| 会说话的女人最迷人 |　COMMUNICATION SKILLS
MAKE WOMEN CHARMING

● 对长者的尊敬与否，体现着一个女人的修养。因此，在长辈面前千万不要忽视了言语上的礼节。

● 在长辈面前说话，音量不能太大，也不能太小，更不能有言语上的不敬之处。

● 和长辈顶嘴，是对长辈的极不尊重，不仅伤害双方的感情，还会影响你在长辈心目中的形象。

38 赞美另一半，他的魅力就在你口中

赞美是发自内心对事物的肯定，代表着一定程度的肯定和欣赏。人人都喜欢被赞美，然而并不见得所有的人都会赞美。尤其在面对自己最亲近的人的时候，我们更是羞于表达自己的情感。然而，一个聪慧迷人的女人，从来都不会吝惜自己的赞美，尤其是对自己的老公。

　　无论是男人、女人，都喜欢听到称赞自己的话。尤其是男人们在自己的女人面前，更渴望听到她们的赞美和肯定。

　　一个善解人意的女人，从来都不会吝惜自己的赞美。她们会把自己的老公当作一件完美的艺术品般小心地呵护、仔细地保养，三不五时拿出来捧在手心里，用满怀爱意的目光去称赞他、欣赏他。

　　人比人，气死人。对于男人来说，他们都更好面子，女人的一声赞美对他们来说，无疑是黑暗中的一线光明、寒夜里的一丝温暖，让他们身上充满了无穷的前进动力。

💋 夫妻越比较，感情越糟糕

小张最近下班之后很不愿意回家，不是待在办公室里玩游戏，就是和老同学聊天，再不然就是和同事们出去喝酒聊天。

小张的这种状态，让同事们很不理解。小张不是结婚还不到一年的时间吗，听人说他老婆长得挺漂亮的，怎么会不愿意回家呢？

同事们连番追问，小张这才道出了真委。原来，他是受不了老婆的牢骚抱怨。

例如，小张刚刚下班回到家里，屁股还没有坐稳，他的老婆就说道："你看你，都工作那么长时间了，还是老样子，薪资不涨，职位停滞。你看人家隔壁小李，年资又没有你长，早就升职加薪了……"

"你看你怎么那么邋遢，不会跟阿和学学，都是男人，为什么人家就那么爱干净呢？"

"早知道你现在这个样子，我当初还不如嫁给……"

每次回家，小张最受不了的就是老婆老拿他和别人比较。可是，他又没办法反驳，凭他对老婆的了解，他若是反驳的话，只会火上浇油。罢了，惹不起，干脆躲起来好了！索性，小张下班后开始不回家。

事实证明，很多男人都讨厌女人拿自己和别的男人做比较，尤其是在男人不得志的时候。可是，现实生活中，偏偏有很多女人喜欢拿自己的老公和别人的老公做比较。不管是比相貌、比赚钱、比地位，别人的老公总是做得比较好，而自己的老公永远都不如人。

女人想要自己的老公比别人优秀，这种想法无可厚非。毕竟人都有点小小的虚荣心，喜欢比较。有时候，女人无非是想透过刺激老公，让其更加上进。

可是却万万没料到，在男人眼里，这是对他们极大地不尊重。

其实想想也是如此，总拿别人的老公来做比较，这不是明显承认自己嫁了个没出息的老公吗？**聪明的女人，从来不会长他人志气，灭自己威风。她们会怀着一种欣赏的眼光，去看待自己的丈夫。**不管遇见什么情况，她们都会毫不吝啬地夸奖自己的丈夫："亲爱的，你真棒！"

你的赞美，让另一半好一百倍

孜孜是幼儿园老师，她逢人便说，自己嫁了一个好老公。

孜孜总是说："我老公有一手好厨艺，他做饭很好吃！"

"我老公眼光很好，你们看，我这件衣服就是我老公帮我买的。"

"你知道吗，我老公的文章又在报纸上发表了，这是今年以来他发表的第 10 篇作品呢！"

孜孜总是这样，不管和谁在一起，她总是毫不保留地夸奖自己的老公。时间久了，大家也都相信了，孜孜确实有一个好老公，而且她的这个老公无所不能。

可是，孜孜的老公，谁也没有真正见过。

元旦晚会那天，所有的老师都被要求表演节目，孜孜也不例外。

她表演的是一首诗歌朗诵:《我的老公》。在诗里，孜孜描述她的老公勇敢、善良、真诚、智慧……

晚会之后，有人提议要见见孜孜的老公，孜孜答应了。可是，等到孜孜带着老公出现在大家的面前时，所有的人都诧异莫名。

她的老公是一位其貌不扬的残疾人士。

人们常说，成功男人的背后，总有一个支持他的女人。然而，真正拥有幸福的男人却不多，这是因为在他们的背后，并不一定有个真正欣赏他的女人。

一个优秀的、善解人意的女人，同时会是一个懂得欣赏和肯定男人的女人。女人对男人的赞美，代表着她对一个男人的肯定和信任，而这种肯定和信任，多半抛却了利益，以爱和感情为基础。

女人对男人的赞美，往往会使一个男人产生极大的自豪感和满足感，当这种自豪和满足成为一种习惯时，男人便会把它当成前进的动力，不断地完善自己、提升自己，从而使自己愈来愈优秀。

对于婚姻中的两个人来说，没有什么比妻子的赞美更能让丈夫得到安慰。尤其是男人在感到脆弱的时候，通常也希望得到妻子的鼓励。如果做妻子的能时时赞美他，他就会从中获得力量，觉醒振作，成为更好的男人。

💋 即使是伤疤，也请多多赞美他

戴维是一个退伍的年轻人，他在二战中受了伤，造成腿部残疾。

他的小腿肚上有一个很难看的疤痕，戴维为此很自卑。

这个夏天，戴维和妻子琼斯一起去海边度假，这是他们第一次来海边度假。戴维和琼斯坐在海滩上，沙子软软的，海风轻轻地吹着，琼斯闭上眼，尽情地享受着日光浴。可是，汤姆却一动也不动，他的眼睛始终盯着远处湛蓝色的海洋。

"亲爱的，你是想下海游泳吗？"琼斯温柔地问道。

戴维没有回答。

"亲爱的，去吧。"琼斯在一旁温柔地鼓励道。

戴维还是没有动作。

"亲爱的，你是担心别人看到你的腿吗？"

这下戴维低下了头。琼斯见状，笑着说道："亲爱的，你该为自己的腿感到自豪，它是你的勋章，代表着你的勇敢、忠诚与光荣。那些疤痕是你的荣誉，你不应该把它隐藏起来。亲爱的，让我们一起去游泳吧，让所有人都一起见证你无上的光荣！"

琼斯说完，戴维的眼里流出了感动的泪水。

都说女人是感性的动物，事实上，男人也是一样，他们也容易感动，尤其是在自己心爱的女人面前。通常，男人的自尊心很强，但是男人会把自尊心掩饰得很深，一般不会轻易在别人的面前显露出来。

谁都渴望得到别人的肯定，喜欢听到别人的赞美。因此，适当的时候，千万不要忘了赞美，或许它可以成为激发男人力量的秘密武器。

　　真正的赞美是发自内心的，尤其是在面对自己爱人的时候。**对于男人来说，心爱女人恰到好处的赞美，是他们的一剂强心剂。**男人宽阔的肩膀可以为女人挡风遮雨，而女人的温柔和善解人意，则是男人疲惫心灵的抚慰。生命中没有赞美与掌声的男人，内心只会更加疲惫。

　　经常赞美自己的男人，可以让你的心胸愈来愈宽阔。你不会心胸狭隘地只计较老公的工作和薪资，你会发现老公新的优点，而你的老公也会在你的赞美声中愈来愈有自信，愈来愈勇敢。而你们的婚姻，也会在赞美声中，愈来愈稳固，愈来愈美满。

| 会说话的女人最迷人 | COMMUNICATION SKILLS MAKE WOMEN CHARMING

- 好男人是被夸赞出来的。因此，在老公面前，千万不要吝惜你的赞美。

- 女人对男人的赞美，就犹如冬日里的骄阳。但是，赞美一定要发自自己的真心，才会有其真正的价值。

- 女人赞美男人的时候，要符合当时的场景，考虑男人的心情，不要让男人觉得你是在讽刺挖苦他。

240

39 家庭幸福美满的祖传秘方：幽默说话

幽默是人生的调味剂，它会让单调的生活充满乐趣，还可以调节不愉快的气氛，缓解紧张的关系。同时，幽默也是一种才华、一种力量，它可以帮助你走向成功。在家人面前，幽默也是少不了的，适当的幽默，会让你的家庭充满无穷无尽的欢乐。

有一类女人，她的工作能力突出，温柔贤惠，是老板眼里的好员工，老公眼里的好妻子，孩子眼里的好母亲。刚见到她时，犹如一阵温暖的春风，轻轻拂过面颊，可是和她在一起久了，你便会觉得索然无味。

也有这样一类女人，她们聪敏、智慧，说话妙语如珠，和她在一起，会让人觉得世界充满欢笑。若和这样的女人在一起生活，一定会非常惬意。

幽默是智慧的代名词。一个女人身上可以有很多优点，善良、温柔、贤惠……但若失去了幽默，那么这个女人必然少了那么一点味道。一个没有幽默感的女人，就好比一朵失去了香味的花，只是有形而无神。

你的幽默，让家庭充满欢乐

淑惠的女儿长得很漂亮，自从女儿上中学以来，一直收到班里男生的情书。但淑惠告诉女儿，要好好学习，将来考个好大学。

女儿也一直把心思用在学习上。可是最近这几天，淑惠明显地感觉到了女儿的异样。

淑惠几番询问之下，女儿终于出了实情。原来，女儿对一个追求她的男孩动了心，可是她一直都记着母亲说过的话，认真念书。所以女儿也婉拒了那个男孩，后来那个男孩转学了，临走之前，女儿都没有跟他表白过心意。所以她感到很惆怅，觉得有点遗憾。

"那个男孩现在过得还好吗？"淑惠问道。

"听说过得还不错。"

淑惠听完后说："那就好，看来是个优质潜力股，让我们女儿芳心大动！"

"哈哈！"女儿听到妈妈的调侃，原本的愁眉不展，变成破涕为笑。

"我听别人说他为了要送情书给我，差点儿跟家人吵架，现在他转学了，也不知道有没有机会再看到他。"

"好了，不要难过了，我敢保证，这个男孩还是有机会的。总还会有碰到的一天！"

淑惠的一番话，把女儿逗笑了，女儿重拾了快乐的笑颜。

幽默的女人，常常给人意想不到的惊喜。她们是一本你永远也翻不完的智慧手册，里面藏着精辟的言论，你每翻一页，便会为其

中的精彩内容笑逐颜开。幽默对一个家庭来说尤其重要，是十分难得的调味品，有了它，你的家庭会时时刻刻充满温馨和欢乐。试想，若淑惠严肃又愤怒地指责女儿不专心念书，只想谈恋爱，事情是不是会有不一样的发展呢？

一个丈夫拥有一个幽默的妻子，那么他就拥有了一个健康快乐的家庭；一个孩子拥有了一个幽默的母亲，那么他便可以得到智慧和能量。

和一个有幽默感的女人生活在一起，听着她的妙语连珠，生活里将永远都是花香满溢，充满欣喜。

💋 幽默是智慧的代言人

有一名导演，他的老婆也是一名优秀的女演员。她不仅人长得漂亮，而且十分幽默。

可是，有关导演的相貌，一直让很多人关注，这也成了困扰他们夫妇的问题。甚至有一次，一位影迷直接问女演员："你长得那么漂亮，而你的老公却其貌不扬，你们两个人要怎么在一起生活呢？"

女演员笑着说道："这才是真正的美女与野兽啊！"

娱乐圈里的绯闻无数，而这位著名的导演，每当遇到绯闻缠身，女演员总是一笑带过。她转移焦点，这样跟别人讲道："千万不要把眼睛睁得大大的，最好的相处方式，是睁一只眼、闭一只眼。就像人的眼睛和眼睫毛的关系，眼睫毛是用来挡灰尘的，如果把眼睫毛

剪了，虽然可以看清楚东西，但是你敢保证，这样过一分钟，不会跑进任何异物吗？"

女演员在札记中这样写道："我觉得我们俩在一起是一种互补。我属羊，他属狗，这辈子我是被他看管死了——谁叫他是一只牧羊犬呢？"

女演员的幽默风趣，让他们避免了很多尴尬。

学会幽默对女人来说，是很重要的。**人们在生活中，难免会遇到各式各样的矛盾和尴尬，这时候幽默就是一个很好的调节剂。**它能让你避免不必要的纷争，有时候还可以化腐朽为神奇，达到让人意想不到的作用。

善于运用幽默的女人，是一个智慧的女人。这样的女人心灵是充满阳光的，让人闻不到腐败的气息。即使生活中有种种不如意，她也不会像别的小女人那样喋喋不休、争吵不停，她们会用幽默自嘲的方式缓解实际的生活状况，她们的内心永远都是积极向上的。和这样的女人生活在一起，就像在朗读一本有深度的书，永远不会乏味。

🔴 培养幽默能力，家里充满活力

琳琳和小天是邻居，琳琳幽默风趣又健谈，说话妙语连珠，人们常常会被她的幽默所折服，琳琳家也总是充满笑声。不管走到哪里，琳琳都很受人欢迎。这天，小天和琳琳一起在小区的公园里散步，她们两个边走边聊，小天被琳琳逗得哈哈大笑。

"琳琳，你真的好幽默，我要是和你一样该有多好！你看我家人都是闷葫芦，要是我可以和你一样幽默，三不五时逗逗家人，家里的气氛就不会那么无聊了！可惜啊，幽默是与生俱来的。"

"谁都不是天生就懂得幽默的，你也可以学习啊！其实我以前也不懂得幽默的力量，但是去上了坊间的'说话课训练'之后，才了解，幽默需要人敞开心胸，一点一滴培养！你可以先从阅读笑话集开始，体验幽默感的魅力。"

琳琳的一番话让小天茅塞顿开。是啊，幽默是可以学习的！从此以后，小天每天都会阅读一些幽默、笑话之类的书籍。除此之外，她也敞开心胸，经常走出去与人交流，多和人说话，处处留心生活中点点滴滴的有趣事情。就这样，小天用心地积累着幽默的能量，虽然她还不如琳琳那样健谈，但经过这段时间的学习，小天发现，原来，自己也可以很幽默！家人也在她的影响之下，变得热络起来。

有人说幽默是天生的，其实不然。幽默也是一种学问，可以在日常生活中慢慢累积和沉淀。幽默是一个人知识、智能与见识的综合反应。所以要想学会幽默，还得静下心来博览群书、培养多元兴趣。除此之外，**多和幽默的人交流，增加生活阅历，丰富见闻。时间久了，幽默就会在无形中培养出来。**

培养幽默感，不是为了说一些让人发笑的话而已——这仅仅是幽默表面上的作用。幽默是人类智慧的结晶，是一个人积极、健康、乐观的性格体现。培养自己的幽默感，对一个人来说，有十分积极

的意义。一个幽默的女人，会让人对她刮目相看。同时，适当的幽默也可以拉近人与人之间的距离。拥有懂得幽默的家人，家庭气氛也会更加热络和谐。

| 会说话的女人最迷人 | COMMUNICATION SKILLS MAKE WOMEN CHARMING

- 平淡的家庭生活当中少不了幽默，幽默是调节生活的润滑剂。

- 幽默不是夸张、毫无分寸的笑话，它是一种大智慧，是一个人智慧与生活经历的体现。

- 女人培养自己的幽默感，并不是为了取悦他人，而是为了投资自己。懂得培养幽默感，也等同为自己、为家人购买一张长期的幸福平安保险单。

有幽默感的女人是家庭中不可
或缺的润滑剂，她们的妙语连
珠常给家人带来惊喜，让生活
处处充满欢乐。

40 别口出恶言，
在家人伤口上撒盐

当人们在遇见不顺心的事情时，往往习惯对家人出气。虽然透过情绪转移的方法，可以暂时缓解自己内心的不快，但是却也同时间带给家人伤害。好情绪如阳光般，传播给人温暖。而坏情绪就如病毒，会把不健康的信息传染给别人。别口出恶言，伤害自己的家人。

积极情绪包括兴奋、开心、自信、乐观等，有利于人的身心健康。而负面情绪包括焦虑、紧张、愤怒、沮丧等。情绪也具有传染性，好情绪如同阳光，传播给人快乐和温暖；坏情绪犹如病毒，会把自己的不快乐一点点地传染给他人，造成家人的隔阂。

现实生活中，我们难免会因为一些不愉快的事情，而产生种种不健康的情绪，并传染给他人。最容易受影响的，正是我们的家人。

家是一个人心灵栖息的港湾，传递给家人的，应该是快乐和幸福。而女人是这个港湾里的舵手，一个懂得控制自己情绪的女人，懂得让自己的港湾里，时时刻刻充满宁静。

💋 一时愤怒的话，可别脱口而出

恩慧觉得自己最近真是倒了霉运，什么坏事都让她遇见。

早上她刚去公司就被经理叫去，莫名其妙挨了一顿训斥。好不容易回到办公室，可还没坐稳椅子，便有客户打电话给她，非要请恩慧帮忙处理一件她无法解决的事情。恩慧耐心地跟这位顾客解释，可是，不管怎样，这位顾客就是不听。最后，恩慧实在是忍无可忍，朝这位顾客发了脾气。结果这下麻烦大了，总经理知道以后，生气地扣除了恩慧当月的奖金。

恩慧回到家里，心里很不是滋味。想想自己今天的遭遇，觉得自己真是冤枉极了，先是被经理莫名其妙地训斥，接着又遇见难缠的客户，最后还被无缘无故扣除了奖金。她愈想愈气，恰巧这个时候女儿拿着作业本走过来，她指着作业本上一道数学题，问恩慧："妈妈，这个题目应该怎么写呀？"

恩慧看也没看，厌烦地说道："走开，离我远点，别烦我！"

女儿被莫名地训斥了一番，拿着作业本哇哇大哭，去找恩慧的老公，恩慧的老公看到委屈的女儿，忍不住也生起气来，说了恩慧两句。恩慧心里烦闷，见老公和女儿都不理解自己，也忍不住骂了老公，一场家庭争吵就这样开始了。

现实生活中，当我们的心里受到某种不公正的待遇时，我们往往会透过情绪转移的方式，将那些坏情绪转移出去，以化解自己的心理焦虑与压力。

但是**坏情绪就像细菌、病毒一样，都具有传染性，而且传染的**

速度非常快。你可以试试看，和一个愁眉苦脸、满腹心事，抑郁难解的人待在一起，保证不出半个小时，就算原本乐观的人也会变得忧郁起来。不良情绪往往会在不知不觉中传染给他人。

为了家庭的幸福美满，别将愤怒的话语脱口而出。因为，那往往需要很多事后的弥补，才可以抚平伤痕。

跟坏情绪说拜拜，避免言语伤害

魏魏原来是个很开朗的青年，他从来都不知道什么是忧郁。可是结婚之后，妻子经常和他吵架。妻子的脾气不好，不懂得控制自己的情绪，常常因为一件很小的事情闹得不可开交。最近发生的事情，更让魏魏痛苦不堪。

前两天，魏魏所在的部门，完成了一个很大的年度策划，所以部门同事一起出去聚餐庆功。那天晚上魏魏凌晨才到家，妻子见状非常生气，说他心里根本就没有这个家。魏魏则说妻子无理取闹，连同事间的正常来往都要怀疑，真是莫名其妙。于是，两个人就这样大吵了起来，一直吵到第二天天亮。

魏魏的妻子因为和魏魏吵架，心里很不痛快。第二天魏魏刚刚下班到家，她依然不肯罢休。魏魏实在是没辙了，就大喊了一句："我们离婚！"

第二天早上，魏魏起床后发现妻子已经离家出走了。

虽然后来魏魏将妻子找回，但经历过这件事后，魏魏便整日忧心忡忡，他害怕妻子以后还会做出什么事情。即使在公司里，魏魏也是提心吊胆的。同事们都说，魏魏最近很神经质，很容易激动，以前的他根本就不是这样的。这样下去，工作和家庭全都要毁于一旦了。

负面情绪具有不良的传染性，魏魏的妻子就是因为不懂得控制自己的情绪，所以才给自己和魏魏造成了很大的伤害。事实上，不良情绪的传染不仅不利于婚姻生活，对孩子成长的影响也是极为负面的。

现实生活中，我们常常会见到以下的情况：有些父母在心情好时，就对孩子爱怜、关怀备至；可是心情不好时，他们又会对孩子打骂、生气，忽冷忽热。这样的气氛，对孩子的成长是很不利的。

父母不健康的心理，往往会转移给孩子，在以后的日子里，如果父母没有正确地加以引导，那么很容易造成孩子情绪不稳定，性格优柔寡断、偏激，甚至还会造成孩子稳定感、信任感、安全感的缺乏。别随意恶从口出，才能拥有美好的家庭。

记得替嘴巴上把安全锁

小红是个很 Man 的女生，说话总是大大咧咧的，口无遮拦。尤其是在生气的时候，更是什么话都说得出口。为此，她的老公很拿她没辙。

有一天，小红在上班的时候，挨了老板的骂，她憋了一肚子的

气回到家里。吃饭时，小红的老公想着老婆工作挺辛苦的，就替她夹了一个鸡腿。谁知道小红非但不领情，反而怒气冲冲地说道："谁叫你替我夹菜了，难道我自己就没有长手吗？"老公听完后脸色立刻大变，他知道小红正在气头上，因此也没跟她一般见识，只是低下头，继续吃着饭。

小红发现自己说错了话，想要好声好气地跟老公道歉，可是老公始终阴沉着脸，不想和她说话。

晚上睡觉，小红躺在床上，想想这几年以来，因为自己脾气不好，说话口无遮拦，很多次都让老公很没面子。幸好自己嫁了个好老公，不然换作别人，早就生气了。

"不行，我一定要改掉自己的这个坏毛病！"小红暗自下定决心。

从那以后，小红刻意控制自己的坏毛病。每当她想发脾气、说难听话的时候，都极力克制自己。刚开始虽然很不习惯，但是，就这样坚持一段时间之后，小红发现自己真的改变了很多。以前的她经常发脾气，常常闹得家人情绪也不好，而现在的她，尽力克制自己，家里的不愉快也减少了很多，生活呈现前所未有的宁静。小红的老公看到她的变化，高兴地说道："家和万事兴！"

"祸从口出"这句话一点都没错。事实上，很多女人喜欢因为一些鸡毛蒜皮的小事争吵不休，结果酿成大错。因此，当女人被坏情绪所烦扰时，不妨先沉淀一下，先把要说出的话在大脑里过滤一次，仔细想想哪些话该说，哪些话不该说。别让那些会伤害感情的话从嘴里随意蹦出，尽量减少因语言冲突而造成的家庭战争！

会说话的女人最迷人

COMMUNICATION SKILLS
MAKE WOMEN CHARMING

- 很多时候，坏情绪都只是因为遇到了一些鸡毛蒜皮的小事所引起的。因此，要懂得控制自己，避免恶从口出。

- 替自己的嘴巴上把锁，管住自己的嘴巴，不该说的绝口不说。

- 情绪不好的时候，所说出的话，往往都容易伤害到别人。最好立刻停下话头，仔细想想：这样说有必要吗？

真心祝福每位女性朋友因为"会说话"
帮助你往人生目标更前进一步，
继续努力往前实现梦想。共勉之！

图书在版编目（CIP）数据

做个会表达的女人 / 魔女 ShaSha 著 . -- 北京：北
京联合出版公司，2015.8（2019.1 重印）

ISBN 978-7-5502-5563-0

Ⅰ . ①做… Ⅱ . ①魔… Ⅲ . ①女性 - 人际关系学 - 通
俗读物 Ⅳ . ①C912.1-49

中国版本图书馆 CIP 数据核字 (2015) 第 154720 号

著作权合同登记 图字：01-2015-2686 号

简体中文版通过成都天鸢文化传播有限公司代理，
经我识出版社有限公司(Taiwan)授权出版发行
《会说话的女人最迷人》，魔女Sha Sha 著，2014年，初版，
ISBN：978-986-6166-46-4

做个会表达的女人

项目策划　紫图图书 **ZITO**®
丛书主编　黄利　　监制　万夏

责任编辑　徐秀琴　牛炜征
装帧设计　紫图图书 **ZITO**®

北京联合出版公司出版
（北京市西城区德外大街83号楼9层　100088）
天津中印联印务有限公司印刷　新华书店经销
200千字　710毫米×1000毫米　1/16　17.5印张
2015年8月第1版　2019年1月第16次印刷
ISBN 978-7-5502-5563-0
定价：39.90元

未经许可，不得以任何方式复制或抄袭本书部分或全部内容
版权所有，侵权必究
本书若有质量问题，请与本公司图书销售中心联系调换
纠错热线：010-64360026-103

中国第一心灵作家 给你温暖和力量

内容简介

无论人生经历怎样的伤痛、苦难、羁绊，都不可否认生命另外一些关键词：温暖、光明、柔和、仁慈……生命本身带着自我疗愈的力量，这种从不改变永远也不会被灭掉的劲儿就是好好爱自己。每个人都该感谢自己过去的经历，无论苦痛或者幸福，感谢过去让你变得更完整，懂得如何好好爱自己。

毕淑敏，国家一级作家，心理学家，中国第一心灵励志女作家，被王蒙誉为"文学界的白衣天使"。她的文字独特、有温度、倾注着对生命的爱和对这个世界的悲悯。她的技法又像娴熟运用手术刀，直面人生的各种问题，切除我们心灵的忧郁与魔。如何获得一种清醒的幸福，是她个人独特的人生经历和作家角色带给每个女人的启示。终有一天，你会懂得如何更爱自己。

ISBN 978-7-5502-4857-1

你要好好爱自己

出版社：北京联合出版公司
定价：39.9元　开本：16开
出版日期：2015-3

内容简介

中国第一心灵作家毕淑敏 继《你要好好爱自己》2015年最新力作！

60个修心故事，给你勇气和智慧，祝你成为最好的自己。附赠"最好的自己"主题明信片一套；我们孜孜以求的强大，以为远在天边的强大，以为要靠什么人赐予或是襄助才能达到的境界，其实原驻自己身上；这是一本让每个人找到自我力量的书。当你坚定地承担责任勇往直前的时候，机会也在最不可能滋生的崖缝中，露出细芽。

ISBN 978-7-5502-5822-8

《你要学着自己强大》

出版社：北京联合出版公司
定价：39.9元　开本：16开
出版日期：2015-7

ISBN 978-7-5502-2425-4

出版社：北京联合出版公司
定价：39.9 元　开本：32 开
出版日期：2015-5

气质

畅销 10 年《优雅》姊妹篇！ 《解忧杂货店》第一中文译者 王蕴洁 最新译著　与法国时尚界泰斗齐名的日本时尚艺术大师　加藤惠美子 经典作品　畅销 50 万册

美好高贵的气质是一个人灵魂散发的香气，你若盛开，蝴蝶自来。书中的每一条建议都是每一个渴望气质非凡的女人应该了然于胸、严谨恪守的，从修饰完美的体型、培养富有层次的眼神到服饰风格、色彩的巧搭，从修炼从容的心境到审美趣味的提升，甚至从居家插花的要求到对银质餐具的选用等等。加藤惠美子将她的天赋运用到一切与时尚和美有关的事物中，帮助女人永远保持优雅、精致与高贵、和谐。

ISBN 978-7-5502-5234-9

出版社：北京联合出版公司
定价：39.9 元　开本：32 开
出版日期：2015-5

做让人无法拒绝的女人

讲述历史上有影响力的 32 位名女人（如慈禧、武则天、戴安娜王妃、埃及艳后、上官婉儿、貂蝉、王昭君等）传授给现代女人的心计秘帖，教会你如何运用自身优势和心计博得最大支持，让人无法拒绝，进而得到自己想要的成功。这些历史上的名女人不仅美丽，更有大智慧，跟她们学自觉、自信、作态、借势等秘笈，在竞争激烈的社会中取得自己想要的成功。

作者简介

迟娴儒，中国台湾淡江大学大传系学士，中国台湾交通大学传播研究所硕士、英国南安普敦大学精品管理硕士。毕业后曾任职于全国广播电台、三立新闻台与《管理杂志》。2010 后年留学英国，毕业后在英国时尚产业工作，业余时间为《尤物》撰写专栏。还著有畅销书《气场为王》。

ISBN 978-7-5477-1212-2

出版社：同心出版社
定价：45 元　开本：32 开
出版日期：2015-3

人生随时可以重来

百幅珍藏画作 一生传奇故事
58 岁的时候，她才开始拿起画笔；
80 岁的时候，创作出了闻名全世界的风俗画；
101 岁的时候，她用一个世纪的人生经历告诉我们：
梦想没有年龄的限制，现在开始，一切都还来得及！

《人生随时可以重来》全面、准确、优美地介绍了摩西奶奶一生的传奇故事及其作品。精选摩西奶奶多幅经典画作，时间跨度从摩西奶奶 58 岁的第一幅画一直到 101 岁的最后一幅作品，这些画作大多属于私人收藏，首次在国内出版。每一幅画，都有详细的图说，包括原画的尺寸大小、创作时间及其背后生动感人的故事。文字与图画的结合使人仿佛身临其境，重新回到了摩西奶奶画中那段温馨的时光，恬静，惬意，幸福，从容，是一部优秀的心灵疗愈之作。

《淡定的爱，优雅的活》

卡耐基写给天下女人的内心修炼法则！

世道艰难，世事险恶，女人，当你行走尘世时，
请你保持你的淡定，展现你的优雅，
唯有此，才能从容不破。

一个内心淡定的的人，才能真正无所畏惧；一个优雅得体的人，才能遇事从容不迫。

不论遇到多少磨难、多少挫折，我们依旧可以保持那份心底的淡定及优雅，学会泰然处之。

女人，你需要的是淡定与优雅，方才内心更强大。

出版社：北京联合出版公司
定价：39.9 元　开本：16 开
出版日期：2015-6

《女人的格局决定结局》

让命运开出的花，是你心想事成的模样

不是心灵鸡汤，也不是兴奋剂。很多事情很早之前就懂，简简单单去做，让命运开出的花是自己心想事成的模样！女人格局的五大关键，决定你人生这场电影是否精彩。

容颜：女人比男人更容易老去，因而要善待容颜
财富：能养活自己、承担责任、追逐梦想才配谈成功和自由
品格：心地善良才会有清新面孔
见识：要经风雨见世面和男人一样攻城略地
情感：一生被爱和去爱每时每刻不能停

好的故事需要合理编排和布局，就好像人生的格局，我们都是自己最好的编剧。

ISBN 978-7-5387-4727-0

出版社：时代文艺出版社
定价：32 元　开本：16 开
出版日期：2015-1

《做灵魂有香气的女人》

卡耐基写给女人的世界级心理励志书

每一个女人都想优雅、淡定、睿智，让自己整个人乃至灵魂都散发出香气，但在当今时代，有些女人往往易被表面的繁华所侵扰，让自己变得无所适从、随波逐流。本书的内容深入浅出，为读者打开了一扇重新认识自己和他人的窗户，并结合多项实例，向女人们展示了一个全方位的图景，指导女性提高气质修养、展示女人的人格魅力及促使女人以积极的心态去获取幸福的生活。

ISBN 978-7-5477-0823-1

出版社：同心出版社
定价：32 元　开本：16 开
出版日期：2015-2

ISBN 978-7-5477-1434-8

出版社：北京联合出版公司
定价：39.9 元　开本：32 开
出版日期：2015-4

《开口就能说重点》

1分钟内让老板点头、客户买单、同行叫好的说话之道！
会说话可以帮你交朋友，说重点才能让你抓机会！
捷豹·路虎中国人事主管 范术梅
屈臣氏中国人力资源副总监 郭宏德
知名动画导演、漫画家 亚广大　　诚挚推荐

　　"怀才不遇"最大的原因不是你没钱、没背景，而是因为沉默寡言或者废话连篇。这是一本给年轻人的职场救命书，因为从小不喜欢发言、演讲，也缺乏强制性的训练，不爱说话或说话不着边际的人大有人在。本书主要围绕"说重点，1分钟就够"的观点，给出了许多种行之有效的训练方法。适合想尽快获得上级好感的公务员和公司职员、希望具有"领导力"的管理者，苦恼于孩子不听话的父母，立志卖得更多的销售人员。

ISBN 978-7-5477-1469-0

出版社：同心出版社
定价：39.9 元　开本：32 开
出版日期：2015-3

《为什么你说话别人不爱听》

卡耐基沟通课
犀利剖析 66 个人生不能回避的说话误区，
告诉你怎么说才能在生活中左右逢源
写给内心善良却屡遭误解，努力付出却总被埋没的你

　　为什么同样的产品，同事提成百万，你却总是卖不出去？为什么面试时你一张口就被看低？为什么你说话总是得罪朋友？为什么你搭讪总是被拒绝？
　　本书囊括工作与生活中最常出现的 66 个说话误区，用轻松有趣的方式一一解答这些"为什么"，深入浅出剖析说话技巧，让你豁然开朗，迅速成为每句话都让人愿意听的说话达人！

ISBN 978-7-5477-1434-8

出版社：同心出版社
定价：32 元　开本：16 开
出版日期：2015-1

《不会说话，你还敢拼职场》

卡耐基商学院最值钱的口才课
一句顶一万句，想说服谁就说服谁
65 个最值钱的说话技巧
助您 升职＋加薪＋升值

　　本书根据世界上最伟大的成功学大师、人际关系鼻祖卡耐基的口才训练教材编写而成，是卡耐基最值钱的口才课，史上最畅销版本。全书详细讲述了口才在职场中的具体运用，囊括了卡耐基口才艺术的全部精华，涉及日常用语的运用、处世、交际、俘获人心、说服他人等各个方面的口才技巧。帮助人们改善口才，准确表达自己，通过这方面的训练玩转职场，取得更大的成功。